先生と
親のための
LGBTガイド

もしあなたが
カミングアウトされたなら

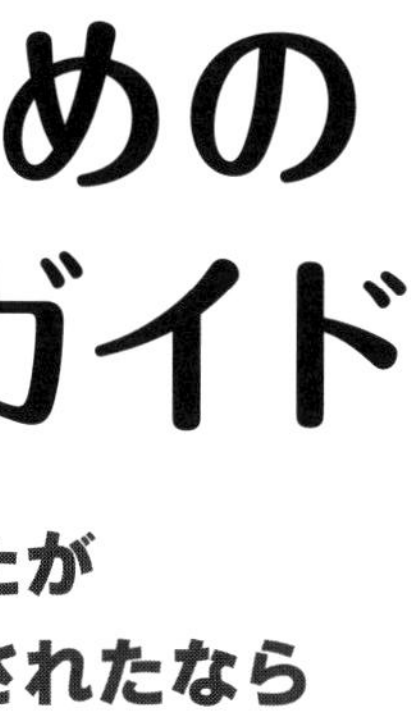

遠藤まめた【著】
（「やっぱ愛ダホ！ idaho-net.」代表）

合同出版

はじめに

「このキャラクターは男の子？　それとも、女の子？」

北欧発の人気者・ムーミンのアニメには、子どもたちからよくこんな質問が寄せられます。たしかにムーミンの世界には、ニョロニョロをはじめ、性別不詳のキャラクターがたくさん出てきます。この質問に対して、アニメの制作会社は、つぎのように答えるのだそうです。

「性別や型にはめられたことよりも、ひとりぼっちの小さな生き物がいないかどうかってことのほうが大切なんだよ」と。

この本は、子どもたちと接する大人の方々に、ＬＧＢＴ（レズビアン、ゲイ、バイセクシュアル、トランスジェンダー）など、「性の多様性」を知ってもらう入門書です。

この本を手に取ってくださったみなさんは、おそらく、

・ＬＧＢＴって最近耳にするけれど、じつのところほとんど知らない。
・自分のまわりにＬＧＢＴの人がいるのかどうかわからない。
・接している子どもがＬＧＢＴかもしれないが、どうしたらよいかわからない。
・１００点満点の対応をしなければならないのではと思うと大変そう……。

などと感じているのではないかと思います。この本には、そんなみなさんが「ひとりぼっちの小さな生き物」の声をキャッチできる大人になるためのコツと情報を盛り込みました。

じつは、ムーミンの産みの親である画家トーベ・ヤンソンは、女性を愛して生きた女性でした。同性愛への差別や偏見が現在よりもずっと強かった時代に、ヤンソンはありのままで軽やかに生きようとしました。前述のアニメ制作会社の回答には、彼女の伝えたかった大切なメッセージが込められています。

私は、学校や行政機関でＬＧＢＴに関する研修をおこなったり、子どものための電話相談などでかれらの疑問や相談に応えたりするなど、ＬＧＢＴの子どもたちの声を知ってもらう活動を10年近く続けています。私は現在29歳ですが、私自身も、かつては「ひとりぼっちの小さな生き物」でした。小学生の頃には、はっきりと自分の性別についてほかの人は感じないむずかしさを抱えていましたが、そのことを周囲に理解してもらえるようになるまでには長い時間が必要でした。

自分自身や仲間たちの体験を集め、調査をおこない、「子どもたちはこんなことで困っているんだよ」という話をしていくと、「大人」たちの反応は、ゆっくりと、しかし、劇的に変わっていきます。最初は「そんな子どもはうちの学校にはいない」「そんな相談って本当にあるの？」といぶかしんでいたのが、数年後には「気になる子どもがいる」「まわりにいるのに言えないんだということがわかった」といったように、意識が変化します。そのうちに、当事者との「出会い直し」が起きます。ＬＧＢＴについて日頃から意識的な振る舞いをしている大人に対しては、まわりにいる当事者も打ち明けやすいからです。

本書では、教師や子どもと接する大人に知ってほしいＬＧＢＴに関する知識や対応、子どもの悩みをＱ＆Ａ方式で紹介しています。

第1章では、ＬＧＢＴに関する基礎知識
第2章では、当事者の子どもたちの悩み、困りごと

第3章では、教師や大人がどう対応したらいいのか
第4章では、LGBTの子をもつ親、性教育の専門家へのインタビュー
第5章では、LGBTについてのより専門的な知識

について扱っています。また、巻末にはLGBTに関する書籍や支援団体、電話相談などについての資料集を掲載しました。

この本で得た情報を、ぜひ同僚や家族、友人、子どもたちに伝えてください。思いがけない人から、「じつはね……」と、打ち明け話をされるかもしれません。その人の力になりたいという気持ちと、この本があれば大丈夫です。

みなさんにできることはたくさんあります。一緒に、多様性を尊重しあえる社会に向けて、第一歩を踏み出しましょう。

＊本書で紹介している当事者や周囲の人びとのギモンや声は、著者が聞き取った実例にもとづいて再構成している。

LGBTフレンドリー度をチェックしよう

この本からより効果的にヒントを得るために、まず、読者のみなさん自身の「LGBTフレンドリー度」をチェックしてみましょう。

さらに、LGBTの子どもが安心して過ごせる学校環境になっているか「学校のLGBTフレンドリー度」をチェックしてみましょう。チェックリストの内容については、196ページで解説しています。

あなたの「LGBTフレンドリー度」チェックリスト

- □（1）子どもとはよく雑談をする。
- □（2）人間いろいろだと思っている。
- □（3）LGBTという言葉の意味をおおむね知っている。
- □（4）「ホモ」「オネエ」「そっち系」などの言葉で笑いをとっていない。
- □（5）「大人になったら結婚するものだ」という前提で話をしていない。

□（6）「男（女）なんだから○○だ」という押しつけをしていない。
□（7）同性愛と性同一性障害の違いを説明できる。
□（8）ＬＧＢＴだとカミングアウトしている有名人を５人以上あげられる。
□（9）ＬＧＢＴの知人・友人がいる。
□（10）ＬＧＢＴの子どもにカミングアウトされたことがある。

学校の「ＬＧＢＴフレンドリー度」チェックリスト

□（1）廊下や校内の掲示板などに、ＬＧＢＴに関するポスターを貼り出している。
□（2）図書館や保健室に、ＬＧＢＴに関する書籍を数点以上蔵書している。
□（3）授業中にＬＧＢＴについて取り上げる機会がある。
□（4）教師同士でＬＧＢＴについて話すことができる。
□（5）ＬＧＢＴに関する研修会に教師が参加している。
□（6）ＬＧＢＴであることをカミングアウトされたらきちんと向き合える。
□（7）ＬＧＢＴであることをカミングアウトしている生徒や教師がいる。

もくじ

第3章 教師・大人ができること

資料

第1章

ＬＧＢＴってどんな人びと？ いまさら聞けない10のギモン

1

世の中には男と女しかいないのではないでしょうか？

ギモン

世の中には男と女の2種類しかいないと思って生きてきました。やっぱり異性を愛するのは自然なことだと思うのですが……。

人間は男と女の2種類しかいないと考える異性愛規範

世の中には男性と女性の2つの性しか存在せず、人は、生来もち合わせた外性器の形によって男らしさや女らしさを「自然に」身につけ、「自然に」異性を愛するようになるはずだと考える価値観があります。これを「異性愛規範」と呼びます。

異性愛規範では、人間は男と女の2種類しかいないので、性についてあらためてじっくり考えることはありません。異性愛規範にそぐわないすべての人は「不自然」であり、伝統的な男らしさや女らしさの欠如は「ビョーキ」「普通ではない人」として片づけられます。でも、世の中には本当に男性と女性の2つの性しか存在しないのでしょうか。

世間の「自然」ってほんとに自然？

歴史上で「自然」とされてきた性がかかわる決まりごとは、たくさんあります。たとえば、少し前まては、つぎのようなことも「自然」だとされていました。

- **父親が決めた人と結婚すること**
- **妻は夫に従うこと**
- **白人は白人と、黒人は黒人と結婚すること**

その一方、つぎのことは「不自然」なことだとされていました。

- **自分で決めた人と結婚すること**
- **妻が夫に対等な関係で発言すること**
- **男性が泣くこと**
- **女性がジーンズを履くこと**
- **白人が黒人と結婚すること**

しかし、21世紀になった今日、「妻は夫に従うのが自然だ」「お父さんが決めた人と結婚しなさい」と堂々と言える人はほとんどいないでしょう。

じつは、ある社会で「自然」だとされている現象や習慣などの多くは、人類の生まれもった普遍的な本能ではなく、単に「その社会でそうした人が多い」「社会が人びとをそのように仕向けている」ことの表れにすぎません。
異性愛規範についても同じことがいえます。このことは、性について考える際の重要なカギです。

「性の自然」は人それぞれ

「出生時の性別に合わせて、男らしく・女らしく生きるのが自然」「異性を愛することが自然」という異性愛規範から外れる人びとのことをセクシュアル・マイノリティ（性的少数者）といいます。
セクシュアル・マイノリティの人びとは、単に「全体から見て数が少ない」だけでなく、「不自然な」「本来あるべき姿ではない」「ビョーキの」人びととされてきました。しかし、その人にとって何が「自然」「不自然」なのかは、それぞれによって異なります。

Aさんのケース

中学の卒業アルバムには、髪の毛を短くして学ランを着たあたしが写ってる。本当に似合ってなくて不自然……。無理して男子をやっているのがミエミエで、いつも怖い顔して、「何考えてるのかわからない」って言われてた。高校に入って女の子の格好をするようになって、表情が明るくなったと思う。友だちもわかってくれてるし、いまのほうが「自然」だな。

（トランスジェンダー／高校生）

Bさんのケース

私には、つき合って半年になる彼女がいます。笑顔がかわいくて、性格がおっとりしているところが好き。彼女と出会う前には男の子とつき合ったこともあるけど、どうしても恋愛感情をもてなくて、マジ無理だった。彼女には「素の自分」を見せられる。ずっと一緒にいたいな。

（レズビアン／中学生）

AさんやBさんにとっての「自然」は、異性愛規範の「自然」とはニュアンスが異なることがわかります。かれらにとって「自然」とは、

・その人の内面から湧きあがってくるもの
・その人らしく生きていくために不可欠であるもの
・自分の意思では変更できないもの

であって、「こうあるべき」という社会の押しつけとは意味が異なるからです。つまり、「性の自然」は、一人ひとり違うのです。

「世の中には男と女の2種類しかいない」よりも、「性は人の数だけバリエーションがある」と考えたほうが、一人ひとりの姿をより正確に捉えることができます。

また、セクシュアル・マイノリティでない人びとも、男女二元論では語れない「その人らしさ」や「自然」をもち合わせているはずです。

2

LGBTやセクシュアル・マイノリティとは、どのような人びとでしょうか？

ギモン

同性愛と性同一性障害の違いがよくわかりません。セクシュアル・マイノリティにも、いろいろなタイプがあるのでしょうか。

一口にセクシュアル・マイノリティと言ってもさまざまなタイプがあります。ひとりの人間がもっている性には少なくとも3つの要素が組み合わさっていて、同性愛と性同一性障害では、マイノリティである要素が異なります。

性には3つの要素がある

人間の性は、**①生物学的な性（からだの性）**、**②性自認（こころの性）**、**③性的指向**の3つの要素が組み合わさって決定されています。

①生物学的な性（セックス、からだの性）

生物学的にもっている体の特徴が男性なのか、女性なのかということです。一般に、卵巣や子宮、ヴァギナがあるのが生物学的女性で、精巣やペニスがあるのが生物学的男性です。性染色体がＸＸなら女性、ＸＹならば男性として分類されます。身体的特徴が判断の基準になることから、「からだの性」と呼ばれます。

②性自認（ジェンダー・アイデンティティ、こころの性）

自分が女性だと感じるのか、男性だと感じるのか、など、どのような性別に帰属意識（アイデンティティ）をもっているかという自己認識のことです。自分の認識が判断の基準になることから、「こころの性」と呼ばれます。

③性的指向

恋愛感情や性的な関心が、どの性別に向いているかということです。

セクシュアル・マイノリティにもさまざまなタイプがある

ひと口にセクシュアル・マイノリティといってもさまざまなタイプがあります。

●性分化疾患

染色体や生殖腺、もしくは解剖学的な性の発達が、生まれつき通常とは違う、性分化疾患の人びとがいます（218ページ参照）。性分化疾患は約2000人に1人の割合で存在します。40〜70種類の型からなり、心のあり方というよりは身体的疾患の側面が強いため、性分化疾患を広義のセクシュアル・マイノリティとみなすかどうかは意見が分かれています。

●性同一性障害（トランスジェンダー）

「あなたの性別は何ですか？」とたずねられたら、多くの人びとは、「生物学的な性」を答えるでしょう。しかし、自らの「生物学的な性」と性自認が一致せず、「生物学的な性」にあてはめられることに違和感やストレスを抱く人びとも存在します。このような人びとをトランスジェンダーと呼びます。日本では、医学的用語として性同一性障害という概念が広く知られています。

国連開発計画では、トランスジェンダーの人口比を約300人に1人としています。300人以上の中規模学校であれば、トランスジェンダーの生徒が1人は在籍していると考えてよいでしょう。また、トランスジェンダーのうち、専門的な病院で性同一性障害の診断を受ける人びとは、国内の統計ではおよそ2800人に1人といわれています。

●同性愛者、両性愛者、無性愛者

性的指向が異性に向いている人(異性愛者＝ヘテロセクシュアル)が多数派とされている一方で、同性に惹かれたり(同性愛者＝ゲイ、レズビアン)、男女のどちらにも恋愛感情をもったりする人(両性愛者＝バイセクシュアル)も存在します。同性に惹かれたことのある人は、人口の3〜5%くらい存在するといわれています。これは30人のクラスに1人は存在する割合です。また、恋愛や性愛に関心がない人(無性愛者＝アセクシュアル)もいます。

性的指向は、個人の意思で変更することはできません。

ギモン

最近、よくLGBTという言葉をニュースで耳にします。LGBTってどんな人たちですか? LGBTと、そうではない人のあいだに、はっきりとした境界はあるのでしょうか?

LGBTとは?

LGBTとは、前述のレズビアン(Ⓛesbian)、ゲイ(Ⓖay)、バイセクシュアル(Ⓑisexual)、トランスジェンダー(Ⓣransgender)という4つの言葉の頭文字を並べた略称です。この4つのタイプに属する人びとには共通の社会的課題が多いことから、多様な性について考える際にはＬＧＢＴというくくりがよく使われています。ただし、実際には、人の性のあり方はグラデーションであり、「ＬＧＢＴ」と「そうでない人」といったようなはっきりとした境界があるわけではありません。

性的指向についてのマイノリティ

Ⓛレズビアン（女性を恋愛や性愛の対象とする女性）
Ⓖゲイ（男性を恋愛や性愛の対象とする男性）
Ⓑバイセクシュアル（男女どちらをも恋愛や性愛の対象とする人。あるいは、同性か異性かなどという問いそのものを拒否する人）

＊くわしくは「3　同性を好きになるって、どのような感じでしょうか？」（25ページ）をご覧ください。

性自認についてのマイノリティ

Ⓣトランスジェンダー（「生物学的な性」と「性自認」が一致せず、自らの性別に違和をもつ人。あるいは、既存のジェンダーのあり方に疑問を感じ、それを超えようとする人）

＊くわしくは「4　トランスジェンダーや性同一性障害は、どのような人びとでしょうか？」（28ページ）をご覧ください。

グラデーションの例

●異性愛だけれど

宝塚が好き。
オスカル様！

若い女子は
目の保養

かわいい男に
キュンとする

●性別違和をとくに感じたことはないけれど

子どもの頃は
男性的だった

手芸男子

バレンタインに
チョコを贈りたい男子

性はグラデーション

重要なのは、前述のように、そもそも人は一人ひとり異なるということです。同じレズビアンやゲイ、異性愛者のなかでも、感じていることや恋愛観は一人ひとり異なります。同じトランスジェンダーでも、望んでいる性のあり方は一人ひとり異なります。マジョリティとみなされる性別違和のない人びとでも、性格や服装の趣味は人それぞれ異なるのと同じです。

芸能人を見るときには同性のタレントが気になるという異性愛者もいます。また、すべての人のなかに、男性的な部分も女性的な部分もあります。だれもが「性の多様性」の一部であって、一人ひとりが異なる性を生きているのだと考えると、ＬＧＢＴのこともずっと理解しやすくなるでしょう。

多様性の象徴は「レインボー」

性の多様性を表すシンボルとして、世界中で虹（レインボー）のマークが用いられています。虹はいくつもの鮮やかな色を含んでいながら、それぞれの色の境目はグラデーションとなっていて、はっきりとした境目はありません。

この本はセクシュアル・マイノリティの問題を扱っていますが、多数派（セクシャル・マジョリティ）とされている人びとにとっても、性のあり方はさまざまで、すべてが明確なわけではありません。多様な性を考えるとき、だれもが「性の多様性＝虹」の一部なのです。

3

同性を好きになるって、どのような感じでしょうか？

ギモン

同性カップルには「男役」や「女役」があるのでしょうか。どんなデートをして、どのように暮らしているのでしょうか。

異性愛の多様なイメージはあふれている

私たちは幼い頃から、絵本や小説、マンガ、アニメ、映画などさまざまなメディアを通じて、異性愛についての情報を受け取っています。国語や英語の教科書に出てくるカップルは、たいていは異性愛が前提です。そして、かれらの性格や、恋愛模様がじつにさまざまであることを、私たちはだれもが知っています。

恋愛やパートナーシップの形が、カップルの数だけ存在するのは、ゲイやレズビアン、バイセクシュアルの場合であっても変わりません。しかし、圧倒的に情報が少ないために、同性間での恋愛像はステレオタイプで語られがちです。

「男役や女役があるの？」同性カップルへの誤解

同性カップルがよくされて困る質問に「男役や女役があるんでしょう？」というものがあります。同性カップルでも、見た目や性格によって、カップルの一方がより男性的／女性的であることはありますが、「男役」「女役」などが一概に存在しているわけではありません。

同性愛は、異性愛のまねごとではありません。しかし、世の中には「デートでは男性がリードする」「男性がごちそうする」「女性が料理をする」などの一般的な男女のイメージが蔓延しているため、男性や女性で役割が区別されない恋愛は想像しづらいかもしれません。

同性カップルのおつき合いについて、実際のところを聞いてみました。

●Cさんのケース

料理や掃除は時間があるときに、気づいたほうがやってるよ。ぼくも彼氏も料理は得意で、片づけるのが大の苦手。洋服だって、脱いだら脱ぎっぱなし……。こういうところまで気が合うと、部屋が片づかない（汗）。

（ゲイ／20代）

Dさんのケース

彼女はすごくボーイッシュで、趣味は海とギターとバイク。その辺の男よりも、よっぽど「男前」だと思う。でも、そんなにかっこいいのに、虫が大の苦手。映画やドラマを見るとすぐ泣くし。「男っぽい」「女っぽい」ってなんだろう。私は「その人らしいな」って思うと、好きだなって思う。

（レズビアン／40代）

同性カップルでも、料理や掃除、ゴキブリ退治の役割がなんとなく決まっていることもありますが、それはどちらかが「男役」「女役」だからというより、お互いの性格や、向き不向きに由来する部分が多いようです。

4

トランスジェンダーや性同一性障害は、どのような人びとでしょうか?

ギモン

トランスジェンダーや性同一性障害は、どのような人びとでしょうか。ボーイッシュな女性や、フェミニンな男性とは違うのでしょうか。

体の性別に違和を感じる

私たちはこの世に生まれると同時に「生物学的な性」にもとづいて、男・女どちらかの性別に決定されます。そして、その性別によって、名前や服、おもちゃなどがあてがわれます。

ところが、トランスジェンダーや性同一性障害の人びとは、「性自認」が自身の「生物学的な性」と一致せず、生まれたときに決定した性別で扱われることに対して、居心地の悪さ(性別違和)を感じます。体は男性でも、きれいな女物の服が着たいと思ったり、立ってオシッコをすることを拒んだりします。反対に、体は女性でも、男性として周囲から扱われることを望む人もいます。

いろいろなトランスジェンダー

トランスジェンダーの人たちを分類するときに、つぎの言葉を用いることがあります。性自認のあり方は「男性」「女性」だけでなく、中間的だったり揺れ動いたりする場合もあります。

●FTM（Female to Male）

「生物学的な性」が女性で「性自認」が男性である人。または、女性として生まれ、男性として生きようとする人を指します。

自分は生物学的には女として生まれた。しかし……
・自分の本来の性別は男だと思う
・男として扱われるほうがしっくりくる
・女として生きることに違和感がある

●MTF（Male to Female）

「生物学的な性」が男性、「性自認」が女性である人。または、男性として生まれ、女性として生きようとする人を指します。

自分は生物学的には男として生まれた。しかし……
・自分の本来の性別は女だと思う
・女として扱われるほうがしっくりくる
・男として生きることに違和感がある

●Xジェンダー（FTX／MTX）

性自認がかならずしも男性／女性に分類されない人。「体の性別に違和感があるけれど、かといって、反対の性別で生きることがしっくりくるのかどうかわからない」「中間的な性で生きていきたい」と考える人もいます。

Xジェンダーの人を、FTX、またはMTXと表すこともあります。FTXは生物学的には女性のXジェンダーの人、MTXは、生物学的には男性のXジェンダーの人のことです。

トランスジェンダーと性同一性障害の違い

ところで、トランスジェンダーと性同一性障害では、定義が微妙に異なります。

トランスジェンダーは、性別違和を感じる人びとの総称です。それに対して、性同一性障害とは、トランスジェンダーのなかでも、性別違和を解消して希望する性別で生きるためになんらかの医療行為

■トランスジェンダーと性同一性障害

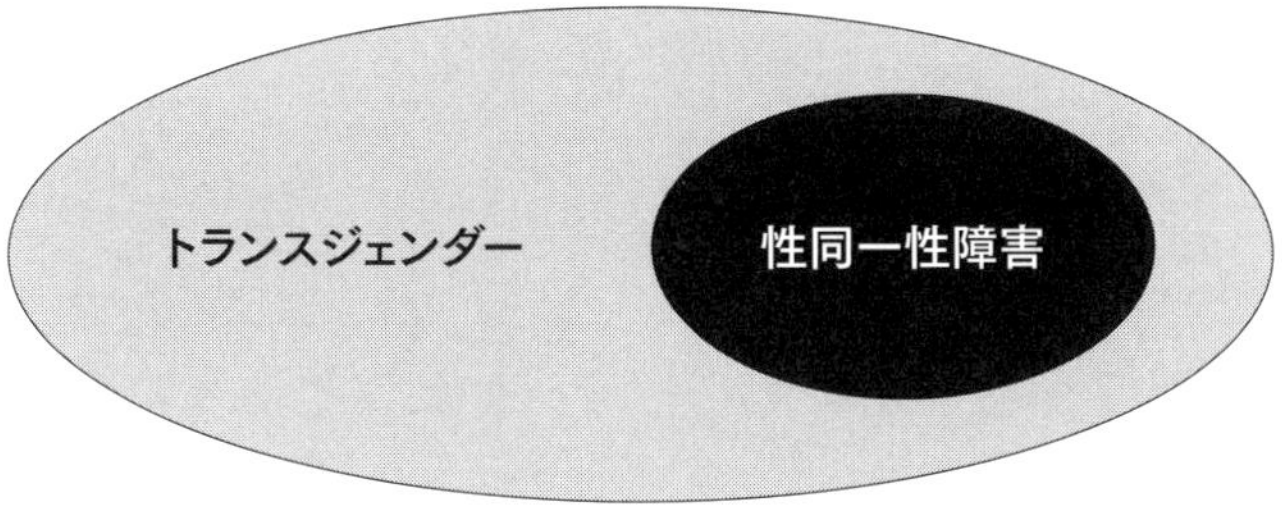

診断を受けるためには、専門のクリニックを探して通う時間やお金がかかるため、望んでも診断を受けられない場合も少なくない。

（180ページ参照）を受けたいと望む人びとなどに対して、精神科の医師が診断する疾患名です。

医療行為はいったん開始したら途中でやめることができず、体への負担も大きいため、選択には慎重さが求められます。現在の日本では、医療行為を選択するには、精神科医2名から性同一性障害という診断を受けた後、その選択が適切かどうか専門機関の判定を受ける必要があります。

また、「学校や職場などで周囲からの理解を得る際に医学的なお墨つきがあると便利だから」「専門家の意見を聞きたい」といった理由で、性同一性障害の診断書を求める人びともいます。

このように、トランスジェンダーのなかでも、なんらかの医療行為や医学的な見解を必要とする人びとは、性同一性障害の診断を受けています。一方、体を変える必要をあまり感じない、専門の病院が近くにないなどの理由から診断を受けないトランスジェンダーの人もたくさん存在します。

昨今では、非定形的な性自認をもつことを精神疾患であるとみなす性同一性障害という概念自体がそもそも不適切ではないかという国際的な議論もあります。

トランスジェンダーの恋愛は？

テレビのバラエティ番組などでは、「女性の服を着ている男性」も、「男性が好きな男性」も、どちらも「オネエタレント」として扱われることが多く、男性に生まれた人が「女性の服を着ること」「女性的であること」が、すなわち「男性が好きであること」であるかのような誤解を生んでいます（48ページ参照）。

実際には、トランスジェンダーの性的指向はさまざまです。ＦＴＭにも、女性が好きな人（ＦＴＭヘテロセクシュアル）、男性が好きな人（ＦＴＭゲイ）がいます。ＭＴＦにも女性が好きな人（ＭＴＦレズビアン）、男性が好きな人（ＭＴＦヘテロセクシュアル）がいます。バイセクシュアルだという人もいます。ちなみに、トランスジェンダーの場合には、その人の性自認に照らして、「こころの性が同性」の相手が好きなら同性愛、「こころの性が異性」であれば異性愛とします。

このように、性的指向（だれを好きになるのか）と、その人自身の性別（性自認）がどのようであるかは、まったく別のことなのです。

たとえばトランスジェンダーの人はつぎのような恋愛をしています。

Eさんのケース

女性として生まれたぼくは、いまは男性として暮らしています。恋愛対象は男性も女性も好きになります。彼女と半同棲しています。彼女は異性愛者で、ぼくのことを完全に男として見ています。

（FTMバイセクシュアル／20代）

Fさんのケース

小学生の頃、女性の服を着るのが好きで、テレビのニューハーフさんがあこがれでした。でも、ニューハーフさんは男の人が好きなのに、私はかわいい女の子が好きだったので混乱しました。中学に入って、男性から女性に性別を変えて、それで女性が好きな人がいることを知って、これだと思いました。

（MTFレズビアン／20代）

トランスジェンダーの「男らしさ」「女らしさ」

ある人の振る舞いが、社会概念に照らして男性的か、女性的かを表すのに性役割（ジェンダーロール）という概念があります。

トランスジェンダーの多くは、性自認にもとづいた性役割を担おうとします。たとえば、FTMのトランスジェンダーの多くは、幼少期から一貫して男性的に振る舞おうとします。

●Gさんのケース

子どもの頃からズボンしか履かなかった。学校の休み時間にはドッジボールやサッカーをして遊んだ。友だちはみんな男の子。みんなが男子トイレに入るのに自分もついていったら「おまえはダメ」だと言われた。「どうしておれはダメなの？」って思ったよ。

（FTM／10代）

しかし、典型的な男性らしさをもたないFTMも存在します。

●Hさんのケース

お母さんが選んだ女の子の服をずっと着ていた。女子校に入ってオタクのグループでマンガを描いていたよ。高校の修学旅行のとき「クラスで一番男っぽい人」をみんながあげたとき、選ばれたのはバスケ部のキャプテン。ぼくじゃなかった。

（FTM／20代）

一方、MTFの場合も、だれもが化粧を好み、典型的な女性の性役割を身につけたいわけではありません。

Iさんのケース

中学生の頃、航空ショーをはじめて観にいったのと、髪を伸ばしはじめたのが同時だった。それから、自分は女として生きたいってことに気づいた。飛行機が好きな女はめずらしいってよく言われるけど、私は、自分が好きなものが好き！

（ＭＴＦ／20代）

ボーイッシュな女性、フェミニンな男性はトランスジェンダー？

「ボーイッシュな女性や、フェミニンな男性はトランスジェンダーなの？」「トランスジェンダーとの境目はどこにあるの？」といった疑問をもつかもしれません。

性のあり方はグラデーション（23ページ参照）なので、トランスジェンダーについても、明確な線引きは存在しません。また、性自認がどのようであるかは本人が語らない限りわかりません。しかし、一般的には、異性のような性役割をもつ人のだれしもが性別違和を抱えているわけではありません。

たとえば、女子スポーツ選手には限りなく男性的な外見の人がいたり、男性のバレエダンサーやアーティストには限りなく女性的に見える人がいたりします。かれらのだれもが性別違和のあるトランスジェンダーということではありません。男性や女性にもいろいろなタイプがいるということです。

5

LGBTは先天的なものですか？それとも後天的なものですか？

ギモン

LGBTであることは生まれつきなのでしょうか？　それとも、家庭環境や周囲の人間関係、トラウマなどによる後天的なものなのでしょうか？

LGBTになる要因について書かれた本やインターネット上の記事はたくさんありますが、性自認や性的指向を決める要因は、科学的にはまだ解明されていません。

LGBTは先天的説

LGBTは先天性であるとする説には、「性自認や性的指向は遺伝子レベルで決定されている」という説や、「妊娠時の母親のストレスによって子どもの脳の性分化に〝異常〟が生じてLGBTになる」といった説があります。いずれも、科学的に実証された説ではありません。

母親のストレスによって子どもが同性愛者になるとした論文では、第二次世界大戦の戦火を生き延びた妊婦から生まれた子どもに、有意に同性愛者が多かったことを根拠にあげています。戦争下でストレスにさらされ続けたために、子どもが同性愛者になったと結論づける説ですが、別の研究者による再調査では、このような事実は認められませんでした。

また、科学的な根拠とは別の文脈で、ＬＧＢＴの人びとが自分の実感として「私は生まれたときから同性愛者だった」「トランスジェンダーとして生まれた」と語ることがしばしばあります。ＬＧＢＴであることは、本人の意思では変えることができないために、このような実感につながるのでしょう。

ＬＧＢＴは後天的説

後天的要因によってＬＧＢＴになるのだとする説もあります。

「父親の不在によって子どもがＬＧＢＴになる」「性的虐待を受けたトラウマによるもの」「親の育て方が悪かったから」「素敵な異性と巡り合えるチャンスがなかったため」「異性にモテなかったため」など、さまざまな説が語られていますが、いずれも科学的な根拠は認められていません。「同性愛者は、素敵な異性にまだ出会っていないだけだ」という説が本当ならば、「異性愛者は、素敵な同性にまだ出会っていないだけだ」という説も成り立ちそうです。

子どもからＬＧＢＴであることをカミングアウトされた親が、「自分の育て方が悪かったからではないか」「自分が離婚したせいではないか」などと思い悩んでしまうことがあります。しかし、後天的な要因によってＬＧＢＴになるという説に科学的な根拠が認められていないことから、家庭環境や育て方が原因でＬＧＢＴになることはまずないでしょう。

「理由」探しは必要か

おそらく、ある人の性自認や性的指向を決める要因には、先天的な要素もあれば、後天的な要素もあるでしょう。単純化されたわかりやすい要因はなく、さまざまな事柄が複雑に影響し合って、その人にとっての性のあり方を決めているのだと思われます。

そもそも、ＬＧＢＴになることの要因「だけ」が、ことさらに取り上げられるのはなぜでしょうか？「異性愛者になる要因は、先天的か後天的か」といった議論はほとんど見かけません。性のあり方は一人ひとりグラデーションのように異なるのに、ＬＧＢＴの存在だけが注目され、あれこれ「要因」を分析されています。この非対称性にこそ、ＬＧＢＴを「わけあり」とみなす社会の現状が反映されているように思えます。

6

同性を好きになることや、性別違和を感じることは、思春期の一過性のものでしょうか？

ギモン

「同性が好き」や「性別違和を感じる」というのは、思春期の一過性の現象なのではないでしょうか。大人になれば、やがて変わるのではないですか？

思春期にはだれしも気持ちが揺れ動く

思春期になると、自分のこと、友だちのこと、将来のこと、好きな人のこと、考えることがたくさんあって大変です。そんななかで、数カ月～数年にわたって同性への恋愛感情を抱いたり、自分の性別について混乱したりすることは、だれでもあり得ることです。性のあり方はグラデーション（23ページ参照）なので、同性愛なのか異性愛なのか、あるいは、友情と恋愛感情の境目がどこなのかは、そもそもわかりにくいものです。

よく語られるパターンに「10代の頃は同性の先輩にあこがれていたが、その後は異性が好きになった」というものがあります。しかし、同性への恋愛感情が続くのが数カ月間なのか、数年なのか、一生なのかはだれにもわかりません。思春期の頃に一時期同性が好きだった人が、30代になってから再び同性に惹かれることもあります。成長とともに、気持ちが揺れ動くこともあれば、変わらないこともあります。

少し前の心理学の本には、「人は自己愛から同性愛、異性愛へと成長する」などと書いてありますが、こうした考え方も、現在では疑問視されています。

いつかより、いまが大事

「いつかは変わるもの」というまわりからのイメージは、自分はＬＧＢＴかもしれないと気がついた子どもたちの内面にも投影されています。ＬＧＢＴについてよいイメージをもっていない子どもたちは「いつかは異性愛になるはず」「結婚したら、子どもをもてば、性別違和の問題が解決するはず」などと思い、試行錯誤します。大人になる過程で「異性とつき合ってみたら変わるだろうか」「結婚をしたら、子どもが生まれたら変わるだろうか」と悩み続け、実際にそのように試した結果、自分も相手も傷ついてしまったというＬＧＢＴの人たちもいます。

来るかどうかわからない「いつか」より、いまこの瞬間に感じている気持ちのほうが大切です。

7 ＬＧＢＴは治療すれば治るのでしょうか？

ギモン

ＬＧＢＴは治療をすれば治るのでしょうか。自分の性自認や性的指向について相談されたら、まずは専門の精神科を受診するようにアドバイスすべきでしょうか？

ＬＧＢＴは治すものではない

性のあり方は、その人の本質にかかわるとても重要な部分です。性的指向や性自認のあり方にまつわる「自然」は人それぞれなのに、社会の側が異性愛規範による「自然」像を押しつけて、ＬＧＢＴの人たちを「治さなくてはいけない」と名指すこと自体が、そもそも問題をはらんでいるといえます。

かつては同性愛を治そうとした

かつては、同性愛は精神疾患のひとつだとみなされていました。電気ショックや薬物などを用いて、同性愛者を異性愛者へと「矯正する」療法が試された時代がありました。しかし、結果はすべて失敗で、これらの療法を施された同性愛者たちの傷つきは計り知れないものでした。

１９９０年代になり、世界保健機関（ＷＨＯ）がようやく「同性愛はいかなる意味でも治療の対象にならない」と宣言しました。同性に惹かれることは、本質的には悩ましいことではありません。悩むことがあるとすれば、それは社会の受けとめ方の問題なのです。

外見上の性別を変える治療はある

一方、こころの性とからだの性が一致しないトランスジェンダーの場合には、外見上の性別をこころの性に合わせる「治療」をおこなうことがあります。自分の性をどのように認識するかは、その人にしか決められません。性的指向が「治せない」のと同じく、性自認も「治す」ことはできないからです。

治療は、ＭＴＦの人が自分の体の男性らしい部分に対して、ＦＴＭの人が自分の体の女性らしい部分に対して「おかしい」と感じて、治したいと思ったときにおこないます。医学的には、性同一性障害の治療に関するガイドラインが定められており、ホルモン療法や外科的療法によって、外見上の性別を変えます（１８０ページ参照）。

8

ＬＧＢＴの人はまわりにいないと思うのですが？

ギモン

ＬＧＢＴの人と出会ったことがありません。ＬＧＢＴはテレビやマンガだけの話、それか外国の話ではないでしょうか？本当に身近にいるのでしょうか？

いないのではなく見えないだけ

「これまで出会ったことがない」と感じるのは、「これまで、あなたのまわりにいたＬＧＢＴが、あなたにそのことを言えなかった」からです。私たちのほとんどは、職場や学校、近所づきあいなどを通じてＬＧＢＴの人びととすでに出会っています。それも、きっと１人や２人ではないでしょう。ひょっとしたら家族や親戚にもいるかもしれません。

21ページで述べた通り、同性に惹かれる人びとは、人口の３～５％程度存在するといわれています。これは「左利き」の人口と同じくらいの割合なのでクラスに１人はいるでしょう。トランスジェンダーも、数百人規模の学校なら１人いてもおかしくありません。

ＬＧＢＴは見えづらいマイノリティ

「みなさんには左利きの知り合いがいますか？」とたずねられれば、たいていの人は、「まわりに何人もいる」「家族にもいる」「自分もそうだ」などと答えるでしょう。一方、ＬＧＢＴの人びとが身近にいると考えている人が少ないのは、ＬＧＢＴが「見えづらい」マイノリティだからです。

トランスジェンダーの人が性自認に合わせた服装をしている場合など、周囲の人がそれとなく気づくことはあります。しかし、それ以外の大半のＬＧＢＴは、外見上は「普通の」人びととほぼ変わりません。そのため、だれかがＬＧＢＴであると周囲が認識できるのは、本人がカミングアウト（２１８ページ参照）をする場合などに限定されます。

ＬＧＢＴの人びとは身近にいる

ほとんどのＬＧＢＴの人びとは、日常生活では異性愛者とみなされたり、自分の望まない性別で扱われたりしています。ＬＧＢＴの存在が「身近にあるはずのないもの」とされ、ときに笑いのネタとして扱われるなかで、本当の自分の姿を見せられないまま、毎日の会話を積み重ねていくことは、とても苦しいことです。

しかし、周囲から「見える存在」になることにもリスクがともないます。差別や偏見の目にさらされるかもしれませんし、職場や学校、住んでいる地域に居づらくなって、現在の生活が失われてしまうかもしれません。

そこで、ほとんどの人たちは「理解のありそうな人にだけ」「とても親しい人にだけ」「やむをえないときだけ」自分のことを打ち明けようと考えるか、その必要を感じないのならば、極力黙っていようと考えます。

子どもたちの場合には、同世代のごく親しい友だちには話すことができても、大人には打ち明けにくいようです（80ページ参照）。

ＬＧＢＴの存在をいつも念頭において話そう

クラスや職員室でも、「ＬＧＢＴの人びとが身近なところにいるかもしれない」という想像力をもって話すようにしましょう（110ページ参照）。

「恋愛や結婚は異性とするもの」「女子や男子はこうあるべき」と決めつけて話をすることで、ＬＧＢＴの人や、そういった決めつけに違和感を感じている人たちに、「ここはあなたが歓迎される場所ではない」「話しても理解されることはない」という絶望的なメッセージを伝えてしまうことになります。

教職員や地域の人びとのなかにも、もちろん生徒や保護者のなかにも、ＬＧＢＴはいるはずです。日頃、どのように話したらよいのか、考えてみましょう。

9

動物にも同性愛はあるのでしょうか?

ギモン

自然界では、オスとメスが子孫を残すことが本能ではないでしょうか?
動物にも同性愛はあるのでしょうか?

多様性こそ自然のルール?

「同性愛は自然の摂理に反する」「人間だけの行為だ」などといわれます。

ところが、自然界では1500種を超える動物において、同性間の性行動が確認されています。ペンギンにはオス同士のカップルが存在します。日本の動物園でも何組か同性カップルが確認されています。

『タンタンタンゴはパパふたり』という絵本は、ニューヨークの動物園にいたオス同士のカップルが、育児放棄された卵を温めてヒナを誕生させたという実話をもとに描かれています。また、ピグミーチンパンジーではメス同士、キリンではオス同士の性行動が頻繁にみられます。

『タンタンタンゴはパパふたり』
（ジャスティン・リチャードソン、ピーター・パーネル作／ポット出版／2008年）

私は、大学で獣医学を専攻していました。そのときに教わったのは、もともと乳牛はメス同士での性行動（マウンティング）が非常にさかんだということでした。

酪農では、妊娠可能なタイミングをきちんと捉えることが、その後の計画的な牛乳生産につながります。ところが、乳牛はミルクを出すために飼育されているので、酪農農家にはメスの牛しかいません。そこで、どの牛が妊娠可能になったのかを見極める方法のひとつとして、メス同士のマウンティングが役立つのです。

トドのオスは、複数のメスと子どもからなるハーレムをつくります。熱帯魚であるカクレクマノミは、体の大きさに応じて性転換をおこないます。動物たちの性行動の多様さに触れるたびに、自然とは、人間の想像するような狭い枠にはおさまりきらないものだと感嘆させられます。

人間にとっての性は、社会的に構築された部分も多くありますが、多様性こそ自然界のルールといっても過言ではありません。

10

日本社会はLGBTにやさしいのではないでしょうか？

ギモン

最近、テレビのバラエティ番組をつけると「オネエタレント」が出ている場面をよく目にします。「オネエタレント」がこれだけ浸透しているのだから、日本はすでにLGBTに寛容な社会なのではないでしょうか？

オネエタレントはあくまでもテレビの演出

過剰に女性的な「オネエことば」を駆使しながら、華やかに気飾って笑いを取るいわゆる「オネエタレント」は、いまや日本のバラエティ番組において欠かせない存在です。「面白くて、個性があって、毒舌で、あまりまわりにはいない人びと」といったオネエタレントのイメージは強烈なので、LGBTやセクシュアル・マイノリティと聞いたときに、真っ先に思い浮かぶのがオネエタレントだという人も少なくないかもしれません。

しかし、オネエタレントはあくまでもバラエティ番組の演出です。LGBTの大半の人びとはオネエタレントのようにわかりやすいキャラクターとして日常生活を送っているわけではありません。「オネエことば」を駆使し、女性的に着飾り、恋愛相談に的確なアドバイスで回答できたりするのは、LGBTのなかでもほんの一部の人びとにすぎません。

また、テレビのなかでは、ゲイもトランスジェンダーも「物腰の柔らかいお兄さん」も、すべて「オネエ」という言葉で一緒くたにされています。それにより、あたかもゲイとは女らしい人のことであるかのようなLGBTへの新たな誤解も生まれています。さらに、オネエタレントはいるのに、「オニイタレント」はあまり聞きません。多様な性のあり方をステレオタイプでしか消費できない日本社会の表れでもあるのです。

オネエタレントへの反応

オネエタレントの社会での扱われ方や、それに対する家庭や学校での反応／反響は、子どもたちがLGBTをどう捉えるかということに大きく影響します。多様な性についての適切な情報や、LGBTのロールモデルが不足しているためです。

オネエタレントについて、「気持ち悪い」「あんな人はまわりにいない」とネガティブな反応を示すのを学校や家庭で見聞きすると、子どもたちは、このような人たちのことは笑ってもよい、気持ち悪いと言ってもいいのだと学習してしまいます。

一方、それを聞いた当事者のなかには「自分が笑われているみたい」と深く傷ついてしまう子どもがいます。普段からオネエっぽいなどと言われている場合には、周囲から受け入れてもらうために、「オネエキャラ」を演じる子どももいます。しかし、クラスでの居場所づくりのために、何かのキャラを演じることは、ストレスにもなりえます。

ＬＧＢＴのあいだでは、オネエタレントについての評価は複雑です。「面白くて楽しい」「自分たちのことを代弁してくれる場面もあるから好き」という人がいる一方で、「自分もオネエタレントと一緒だと思われて困っている」「自分のことが笑われたりしているようで苦手だ」という人もいます。

日本社会はＬＧＢＴに寛容なのか

ただ、オネエタレントがここまでテレビで活躍している国は、世界中でも日本くらいです。大多数の国では「男女どちらかわからない人びと」がテレビに出てきて、お茶の間を和ませることはありません。たとえオネエタレントの扱いがステレオタイプであったとしても、テレビで一定の人気があるということは、日本社会に性への寛容な一面があるということを表しているともいえます。

日本にはもともと歌舞伎や宝塚歌劇など「性別を越境する芸術」に親しんできた文化的な土壌があり、性別越境については、一種のあこがれのような感覚さえもたれています。これは欧米圏の主流文化では見られないものです。

欧米圏では、たとえ同性婚が合法化されている国であっても、ＬＧＢＴへの憎悪犯罪があり、暴行や殺人事件が発生しています。このような傾向は日本にはほとんどありません。

身近にいるのはイヤ？

　前述したように、日本社会はＬＧＢＴについて一定の寛容性を有しているといえるでしょう。しかし「テレビのなかならばよいが、ＬＧＢＴが身近にいたらイヤ」という人たちも少なくないようです。国立社会保障・人口問題研究所などによる１２５９人を対象とした意識調査（２０１５年）によれば、同性同士の結婚に「賛成」「やや賛成」と答えた人は過半数の51・１％にのぼった一方で、友人がゲイだった場合に「抵抗がある」と答えた人の割合は53・２％、友人がレズビアンだった場合は50・４％と半数を超えました。また、職場の同僚が同性愛者だった場合に、40代の男性管理職で「イヤだ」と答えた人は71・５％にのぼっています。

　この結果は、日本社会のＬＧＢＴへの寛容性は表面的なものであり、「ＬＧＢＴの人たちが自分とは直接かかわりのないところにいるのは構わない」という冷たさや無関心の裏返しなのかもしれません。

第2章

LGBTの子どもたちの悩みごと

11

性別違和のめばえ

当事者の声

幼稚園に入園した頃から、お母さんの洋服ダンスをのぞいたり、イヤリングをつけたりするのが好きだった。「ぼくと言いなさい」って言われたけど、自分のことはずっと「〇〇ちゃん」って呼んでいた。「もうおにいちゃんなんだから」と言われるのがイヤだった。

（Aさん／MTFトランスジェンダー／20代）

七五三のときに女の子の着物を着させられかけて、とにかく大暴れして泣いたことを覚えている。隣の家の人が心配してようすを見にきたくらい。いとこのお姉さんに「リカちゃん人形あげる」って言われたときも、断るのが大変だった。「あんた、もらっときなさいよ」とお母さんは言うけど、そんなおもちゃ欲しくないのに……って、なんだか悔しかった。

（Bさん／FTMトランスジェンダー／20代）

■性別違和感を自覚した時期

	全体（n＝1,167）	ＭＴＦ（n＝431）	ＦＴＭ（n＝736）
小学入学以前	660（56.6%）	145（33.6%）	515（70.0%）
小学低学年	158（13.5%）	67（15.5%）	91（12.4%）
小学高学年	115（9.9%）	56（13.0%）	59（8.0%）
中学生	113（9.7%）	74（17.2%）	39（5.3%）
高校生以降	92（7.9%）	77（17.9%）	15（2.0%）
不明	29（2.5%）	12（2.8%）	17（2.3%）

岡山大学大学院保健学研究科中塚幹也教授「学校の中の『性別違和感』を持つ子ども　性同一性障害の生徒に向き合う」（2013年）より引用

トランスジェンダーや性同一性障害の人びとが性別違和を感じはじめる時期には個人差がありますが、なかにはとても幼い頃から性別違和を感じてきた人も少なくありません。

１９９９～２０１０年に、岡山大学病院ジェンダークリニックを受診して性同一性障害の診断を受けた１１６７人を対象とした調査では、ＦＴＭのおよそ８割が小学低学年までに、ＭＴＦのおよそ６割が小学高学年までに、性別違和を自覚したと回答しました（岡山大学大学院保健学研究科中塚幹也教授「学校の中の『性別違和感』を持つ子ども　性同一性障害の生徒に向き合う」２０１３年）。

一般的に、私たちは３～４歳のいわゆる「物心がつく」頃、自分の性別が男なのか女なのかを認識するといわれます。どのおもちゃが男の子用なのか、どの服が女の子用なのかといった「社会における性別のルール」をおおまかに理解し、自分の性自認に従って振る舞いはじめるのもこの頃です。

性別違和に気がつく時期には個人差があり、なかには40歳を超えてから自覚する人もいますが、早い場合は、この「物心がつく頃」からなんらかのサインが表れてきます。

12

性別違和のサインはわかりにくいことも

当事者の声

小学校に入った頃、立ったままおしっこをするのがイヤで個室で座ってしていました。でも、それをからかわれて、トイレに行くのが怖くなって……。それで小学3年生の音楽の時間に、おもらししちゃったんです。みんなにバカにされるし、親には怒られるし、本当に恥ずかしかった。だけど、自分が何に困っているのか、自分でもわからなかった。

（Cさん／MTFトランスジェンダー／20代）

性別違和のサインは、わかりにくいことがあります。大人でさえ、性に関する事柄を言葉にしてきちんと他者に伝えるのはむずかしいものです。子どもであればなおさらです。

子どもの性別違和は、たとえばつぎのページのようなサインとして現れます。

子どもの行動の背景に何があるか、なかなか気づきにくいものです。そのため、大人は子どもの気持

性別違和のサイン

●授業中がはじまるとトイレに行く

（理由）
男子トイレや女子トイレにいるのを同級生に見られたくないから。

●作文の時間になるとソワソワしている

（理由）
からだの性に合わせて「ぼく」「わたし」を使わなければいけないのがイヤだから。

●スカートを履きたがらない

（理由）
女の子っぽい洋服を着たくないから。

ちにまったく気づかず、「泣いていないで、ワンピースに着替えなさい」「ちゃんと作文を出しなさい」「いつも授業中にトイレに行くのはやめなさい」と、頭ごなしに叱ってしまうかもしれません。

性別違和をめぐる子どもたちの「なんかイヤ!」という感覚は、最初から「これは性別違和ですよ」という看板を掲げて子どもたちのなかに生じるわけではありません。「この子はなぜ嫌がるのだろうか」と立ち止まって考えてみることが大切です。

それが性別違和に由来しているものだとしても、そうでなかったとしても、自分の「好き」や「嫌い」をまわりの大人が受け止めてくれるということは、子どもたちにとってとても安心できることだからです。トランスジェンダーかどうか、すぐに決めつける必要もありません。まずは子どもの気持ちに寄り添うことが大切です。

13 二次性徴は大変

当事者の声

小学6年生で胸が出てきたときには、頭を殴られたみたいだった。「これがおれの体なの？」って思った。女の体型がイヤだから、Tシャツ1枚で街を歩くこともできないし、歯磨きをするのもジョギングするのも、胸が揺れるのを感じて気持ち悪い。おれもほかの男子みたいにカッコよくなりたかったのに。

（Dさん／FTMトランスジェンダー／中学生）

喉ぼとけが出てきたのがイヤで、気づけば下を向いてしゃべることが多くなっちゃった。歌うのが好きだったけど、それもやめてしまったし。とにかく体が男性化していくのがイヤで、いつもごはんを残しています。親や保健室の先生には「ちゃんと食べなさい」って怒られるけど、私はこれ以上「男」になりたくないんです。

（Eさん／MTFトランスジェンダー／高校生）

子どもたちの体は、思春期になると大人の体へと変化する、いわゆる二次性徴がはじまります。生物学的な性が男性であれば、声変わりや体毛の発育、勃起や射精を経験します。筋肉も発達し、いわゆる「男らしい外見」へと変化していきます。また、生物学的な性が女性であれば、乳房の発育や月経の開始など、いわゆる「女らしい外見」への変化がはじまります。

性別違和をもつ子どもたちにとって、思春期は非常に困難な時期です。幼少期から自分の性器等に対する違和感があることも少なくありませんが、二次性徴によって身体への嫌悪感・違和感がさらにエスカレートし、大きな問題となって現れてくるためです。

FTMの場合は胸をつぶそうとし、ハスキーな声を手に入れるために無理に叫ぶなどの行為がしばしばみられます。MTFの場合には、喉ぼとけを隠すためにうつむいて歩いたり、ヒゲや体毛を血が出るまで抜き続けたりすることもあります。

自分の体について強烈な嫌悪感（身体違和）を覚えると、外出することさえ困難になったり、恐怖を抱えるようになったりします。そして、それらが引きこもりや摂食障害、自傷行為（とくに乳房や外性器を意図的に傷つけるなど）、自殺企図といったメンタルヘルス上のさまざまな問題につながってしまうこともあります（106ページ参照）。

14 自分の性に悩む

当事者の声

この前、テレビではじめて「性同一性障害」っていう言葉を知った。これまで自分が感じてきたことのすべてに説明がつくと思った。一生我慢して男として生きていかなくちゃと思っていたけれど、性別が変えられるんだと知ったときに、すごくほっとした。自分も性同一性障害なのかな。どうやって生きていけばいいのかな？

（Fさん／MTFトランスジェンダーかも？／高校生）

性同一性障害や性の多様性に対する知識がまったくない場合、性別違和を抱いている子どもたちは、自分自身の状態をうまく言語化できません。性の多様性についての情報を得てはじめて、当事者たちは「自分の性別はこうだ」「イヤだなと思ってきたことには、こういう背景があったのか！」と、自らの性別違和を捉え直せるようになります。

この捉え直しの時期は、「自分はひとりではなかった」「本当の性別で生きられるんだ」と安心したり、希望を見出したりする一方で「この先どうやって生きていけばいいのか」「もし新しい性別として適応できなければどうしよう」などと混乱したりと、落ち着かない時期でもあります。

「この先、どうやって生きていけばよいのか」「自分は男なのか、女なのか」というような悩みは、ひとりで考えるのには壮大すぎて疲れてしまいます。理解してくれそうな人を見つけ、自分が無理のない範囲で、「自分の性別についてこう思うんだ」「いま、こんなことに悩んでいるんだ」と言葉にしていく作業がとても大切です。頭のなかだけでグルグルと突き詰めるのではなく、希望する性別での生活を少しずつ試してみるのもひとつの方法です。

これまで我慢していた服を休日に着てみたり、髪形を変えてみたり、信頼できる人に打ち明けて希望の性別で扱ってもらってみたりといったことを通して、どうすればしっくりくるのかがわかってくるでしょう。当事者が多く集まる自助グループに行けば、同じような経験をしてきた人たちから、「どうやったら自分らしい性で生きられるか」という問いへのヒントをもらえるかもしれません。安心して自分らしさを模索できる機会をもつことは、とても大切です。

15

「同性が好きな自分」が怖い

当事者の声

中学1年生のときに、男の先輩が気になるようになった。自分が何者なのかわからなくて、「こんなおれは大丈夫なんだろうか？」って思った。ネットで「ゲイ」って調べようと思ったけど、もし本当に自分がゲイだったらどうしようと思って、すごく怖くなった。

（Gさん／ゲイかもしれない／高校生）

私たちは、だれもが物心ついたときから「同性愛に対する周囲のイメージ」を内面化しています。同性愛について肯定的な環境で育てば、子どもたちは「そういう人もいる」と感じ、否定的な環境で育てば「変な人びと」と感じるようになります。

現在の日本では、テレビのなかなどでオネエタレントがある程度受け入れられていることはあっても（48ページ参照）実生活でのＬＧＢＴについての肯定的なメッセージはまだまだ不足しています。とくに同性愛については「笑ってもよい」「気持ち悪い」といったネガティブなイメージが蔓延しています。

多くの子どもたちは、これらの同性愛嫌悪（ホモフォビア）を知らず知らずのうちに内面化しながら成長していくのですが、後になってから、この内面化されたイメージに、とても苦しめられる子どもたちがいます。それは「ほかでもない自分が同性に惹かれている」ことに気づいた子どもたちです。

「これまで同性愛なんて気持ち悪いと思ってきたのに、どうやら自分自身がゲイやレズビアンかもしれない」とうっすら自覚したとき、かれらは大変な恐怖を味わいます。人を好きになったことを喜ぶどころか、そんな自分が気持ち悪く感じ、「こんな自分は存在してはいけない」という強烈な自己否定感を味わうのです。好きな人の姿を目で追いかけては、いまの自分はおかしいのだと思い悩み、同性に惹かれることをまわりにも言えず、きっと将来も幸せにはなれないのだと不安にさいなまれてしまう——このような悩みや不安を抱えて生きるのはとても苦しいことです。はじめての恋をするまでに、同性愛についてどれだけ肯定的なイメージを持てていたのかが、子どもたちのメンタルヘルスに大きく影響します。もし、同性同士の恋愛も、異性間の恋愛と同じように、幸せに満ちたものであると肯定的に捉えられていれば、深刻な自己否定に陥ることはないでしょう。

16 自分が何者かわからない

当事者の声

私は普段ボーイッシュでかっこいいとまわりから言われています。最近、同じ部活の子に告白されて、つき合いはじめました。その子は女の子です。そんな私は性同一性障害なのでしょうか？　私は男性として生きるべきでしょうか？

（Hさん／性別迷い中／中学生）

現在、どの教科の学習指導要領を見ても、ＬＧＢＴなど性の多様性のあり方に関する記述はありません。* 性の多様性についての正確な知識を、学校や家庭、社会が提供できない場合には、子どもたちは「ひょっとして自分は同性が好きなのかもしれない」「自分は男性としてではなく、女性として生きていきたい」などと感じたときに、自分が何者なのかがわからなくなり、混乱しやすくなります。

たとえば、本当なら同性愛者である子どもが「同性が好きかもしれない」と感じたとき、性同一性障害に関するニュースを見て、自分は性同一性障害なのかもしれないと思い込んでしまうケースがあります。

昨今ではテレビや雑誌でも性同一性障害について肯定的な情報が多く取り上げられるようになっていて、それ自体はとてもよいことですが、性同一性障害についてはじめて触れた情報がそうしたマスメディアからのものだった場合、子どもにとっては「FTMトランスジェンダーの自分」のほうが「レズビアンの自分」より受け入れやすく感じてしまうことがあるのです。もちろん、性的指向と性自認はまったく別の要素ですが、マスメディアはテーマを際立たせて報じることが多く、同性愛との違いや、だれを好きになるかということと、自分がどの性別だと認識するかとの違いなどについて、かならずしも正確に伝えないことがあるため、子どもが混乱してしまうのです。

授業で性の多様性に関する情報を伝えるよう心がけます。その際は、「性同一性障害だけ」「同性愛だけ」を取り上げるのではなく、「性の3つの要素」（18ページ参照）についてすべて説明したうえで、性には多様なあり方があることを伝え、子どもが誤った性のイメージに縛られて思い悩んでしまうことがないようにします。

ほかにも、図書室や保健室など、子どもの目の届くところにポスターやリーフレット、関連書籍などを置いたりすることで、こうした問題を解消することができます（112ページ参照）。

＊2017年度から高校の地理歴史、公民、家庭の3教科でLGBTについての記述が加わる。

17 無理に異性を好きになろうとする

当事者の声

男の先輩を好きになって、そんな自分が気持ち悪くって、罪悪感でいっぱい。がんばって女好きなキャラを演じていたら、女子から告白されたので、ためしにつき合ってみることにしたんですが、ますます男にしか性的な関心がもてないことがわかって、もう人生が終わったという感じ……。

（Iさん／ゲイかもしれない／中学生）

同性愛嫌悪（ホモフォビア）を内面化した子どもは、「同性に惹かれる自分」を肯定的に捉えることができません。むしろ、「同性が好きな自分はダメだ」と自分を否定したり、あるいは「努力をすれば異性愛者になれるのではないか」と考えて、異性愛者のように振る舞ったりします。

同級生の顔色をうかがい、興味のない異性のアイドルグループの会話に相づちを打ってみたり、「好みの異性のタイプ」を聞かれても困らないようにと、好きでもない芸能人の名前を用意しておくこともあります。さらに、異性の恋人をつくろうとし、望まないセックスを試みる場合もあります。結婚し、子どもが生まれたら異性愛者になれるのではと思っている子どももいます。性的指向は本人の意思では変更できないのですが（41ページ参照）、正確な知識がないために、「努力をすれば同性愛はやめられる」「こんな人間は世界に自分だけ」と誤解し、自分を変えるためのあらゆる手段を試みては、かえって傷ついてしまうのです。

本人がどれだけ認めたくなくても、同性に惹かれる自分から逃れることはできません。ひとりで葛藤しているなかで「自分は気持ち悪い人間だ」「まわりにうそばかりついているダメな人間だ」という気持ちでいっぱいになってしまう子どもたちもいます。もともとは「同性が好き」という性的指向の悩みだったはずが、気がつけば、好きではない異性との恋愛に傷つき、相手のこともまた傷つけてしまうような事態が起きてしまいます。同性を好きでもおかしくないこと、同性愛者でも幸せに生きている人は日本にもたくさんいるということをきちんと理解できる環境がないと、ありのままの自分を肯定することは困難です。健全な自己肯定感をもてないと、自傷行為・自殺へとつながるメンタルヘルス上の問題を抱えやすくなります（１０４、１０６ページ参照）。

18

認めざるを得なくなる

当事者の声

何を試しても全然女の子がいいと思えなくて、まわりに合わせて笑顔をつくるのも疲れちゃった。「ああ、自分はゲイなんだ」とつぶやいたら、まるで死刑宣告をされたみたいな気持ちになった。うちの親は、ぼくを育てた甲斐《かい》があったのかなとか、そんな暗いことばっか考えてしまう。

（Jさん／ゲイ／高校生）

子どもたちが、いつ、どのように「同性を好きかもしれない自分」に気づき、それを受け入れていくのかを示した調査があります。宝塚大学看護学部の日高庸晴教授らがゲイ・バイセクシュアルの男性を対象におこなったインターネット調査（１９９９年）によれば、平均して13歳頃に、漠然と「自分はまわりとはちょっと違うな」「異性に関心がない」「同性が好きかもしれない」と思いはじめ、17歳ではっきりと「自分はゲイなんだ」「自分は同性が好きなんだ」と自覚しています。

この「自覚のプロセス」の４年間に、「自殺を考えた」「自殺未遂をした」といったエピソードが生じ

■思春期におけるライフイベント平均年齢（有効回答者1,025人）

できごと	平均年齢
ゲイであることをなんとなく自覚	13.1 歳
自殺をはじめて考えた	15.4 歳
ゲイであることをはっきり自覚	17.0 歳
自殺未遂（初回）	17.7 歳
ゲイ男性にはじめて出会う	20.0 歳
ゲイの友達がはじめてできる	21.6 歳

日高教授らほか「ゲイ・バイセクシュアル男性のメンタルヘルスに関するアンケート」（1999 年）より引用

ていることに注意が必要です。日高教授らによるほかの調査では、ゲイ・バイセクシュアル男性の回答者５７３１人のうち、なんと65・９％が自殺を考えたことがあり、14％が実際に自殺未遂経験を有すると報告されています（日高教授らほか「厚生労働科学研究費補助金エイズ対策研究推進事業　ゲイ・バイセクシュアル男性の健康レポート２」２００５年）。

この４年間は、同性に惹かれる自分を「気持ち悪い」などと否定し、異性と無理やりつき合うなどの思考錯誤をくり返しながら、やがて、自分を変えようとすることにも疲れ果てて、ゲイやバイセクシュアルであると認めざるを得なくなる過程といえます。そのなかで「生きていたくない」「こんな自分は消えてしまいたい」と自殺を考えるまでに追い込まれてしまう子どもたちがいるのです。

ゲイの友だちがはじめてできるのは、21・６歳。成人後のことです。「自分は同性が好きかもしれない」と感じた13歳の頃から、恋愛や好きな人のタイプについて、同じ立場の仲間たちと話せるようになるまで、じつに7年以上も経過しています。「同性が好きなことは決して異常ではない」ことを、当事者の子どもたちに伝えられる人が周囲にいれば、自己受容のプロセスはもっと容易になるはずです。

＊左記サイトから日高教授らによるゲイ・バイセクシュアル男性に関する疫学調査が閲覧できます。また、教員を対象としたLGBT意識調査などの報告もあります。http://health-issue.jp/

コラム

同性愛者が自分を受け入れていく過程

同性愛者が自己のアイデンティティを形成していく心理的過程をよく表したものとして、臨床心理士のキャス（Vivienne Cass）が提唱しているアイデンティティの形成段階モデルがあります。すべての当事者が、このプロセスを経ていくわけではありませんが、「自分は同性が好きかもしれない」と感じた子どもが、その後、どのような心理的体験をして成長していくのかを想像するうえで、非常に参考になります。

自分自身のことを受け止めきれずに混乱したり、まわりの人と上手にコミュニケーションが取れないことがあっても、それがずっと続くわけではなく、時間の経過とともに落ち着いていくことも十分あるのです。

キャスによるアイデンティティの形成段階モデル

混乱
自分が同性愛者かもしれないことに気づき、動揺・混乱する。同性に魅力を感じたのはたまたまのできごとや、一瞬だけのことだと考えてみる。あるいはゲイやレズビアンに関する一切の情報に触れないようにしておく。

▼

比較
もし自分が同性愛者だった場合、どのような人生を送ることになるのかを考えるようになる。異性愛者の人生と比較をして、同性愛者はどのようにパートナーを見つけ、家族をつくることができるのかを考えてみる。あるいは、自分の暮らしているコミュニティは、どれくらい同性愛に対して寛容なのかを考えてみる。

▼

寛容化
自分はひょっとしたら同性愛者かもしれない、ということを認めるようになる。ほかのゲイやレズビアンと会ってみたい、同性愛者のカルチャーについて知りたいと思うようになる。

▼

受容
自分が同性愛者であることを認め、それでもうまくやっていけるだろうと思うようになる。ゲイやレズビアンのコミュニティの一員となり、同性愛者の友だちと一緒にいる時間を好むようになる。一方で、異性愛者としての人生を周囲から期待されてきたのに、その期待を自分は叶えることができなかったと感じ、悲しみを覚えることがある。

▼

誇り
同性愛者であることを隠そうとせず、異性愛のみが前提とされる社会に対して異議を唱える。ゲイやレズビアンの解放運動にかかわる。異性愛者の友人から受容されることもあれば、拒絶されることもある。

▼

統合
同性愛者であることに誇りを感じるが、それは自分が有する属性の一部にすぎないと捉えるようになる。「同性愛者の私たち、異性愛者のかれら」という二分法では世界は捉えきれないことに気づく。

19
誤った情報を信じ込む

当事者の声

インターネットを見ていたら性同一性障害の人は長生きできなくて、平均寿命が45歳だって書いてあった！　やっぱりホルモン注射をすると体に負担がかかるからかな……。でも45歳ってあまりに短いよね？　悲しくなった。

（Kさん／FTMトランスジェンダー／中学生）

学校や家庭、地域で、性の多様性についての正確な情報を得られない子どもたちは、手探りで情報を集めようと努力します。

そんなかれらのもっとも身近にあるのが、インターネットです。インターネットでは、自分にとって必要な情報をピンポイントで得ることができます。たとえば、自分のお手本となるような人の生き方を知ったり、普段の生活では見つけにくい、当事者の友人に出会ったりすることもできます。こうしたことは、自分の将来を前向きにイメージするためにとても重要なことです。

■インターネットに広がるLGBTについての不正確な情報やうそ

- LGBTは地方では生きていけない
- ホルモン療法をするトランスジェンダーは早死にする
- 性別適合手術を受けたいなら、早くしないと幸せになれない
- トランスジェンダーは正社員になれない
- ゲイの世界ではセックスはあいさつ代わりのようなもの
- 男同士、女同士の性的な行為なら、セクハラやレイプにならない
- 同性カップルは長続きしない

しかし、インターネットには、不正確な情報やまったくのうそがまぎれ込んでいることがあります。使い方によって、プラスにもマイナスにも働く恐れがあるのです。

何が正確な情報なのかがわからないなかでは、誤った情報を信じてしまいがちです。その結果、子どもたちは将来について過度に悲観的になったり、自分の夢をもちにくくなったりする可能性があります。性別異和のある子どもが、治療を焦ってしまうこともあります。

また、「ゲイの世界では、セックスはあいさつ代わりみたいなものだ」などと年上のゲイ男性から強く言われると、望まない性行為でも応じてしまうことがあります。

多様な性についての信頼できる本やリーフレットなどを、日頃から目にとまりやすい場所に備えておき、子どもたちが正しい情報に触れる機会を増やしていきましょう。

20 自分の将来像を描きにくい

当事者の声

三者面談で文系か理系かを決めろと言われたけど、そんなことより、とにかくやせたい。18歳になったら都会に出て、ニューハーフのお店で働いて女になろうと思っているけど、あんまり先のことは考えられない。自分みたいな人が正社員とか、幼稚園の先生とかになるのは、やっぱり無理でしょ？

（Lさん／MTFトランスジェンダー／高校生）

多くの子どもは、LGBTの知り合いがだれもいない（公表している人がだれもいない）環境に育ちます。そのため、LGBTの子どもたちは、「この人のような大人になりたい」というロールモデルをもつことができず、自分の将来像を描けないことがあります。

LGBTであることを自覚するのと同時に、子どもたちが「自分はほかのみんなとは違う」「ひとりで生きて、ひとりで死んでいくんだ」「性別を変えたいと思っている自分に就ける仕事なんてあるだろうか」と不安を覚えたりすることもあります。

実際には、ＬＧＢＴであろうとなかろうと、私たちは多様な職種に就くことができます。スポーツ選手やアーティスト、公務員、会社員、教師、保育士、農家、介護士、看護師など、さまざまな仕事でＬＧＢＴの人びとは活躍しています。76ページの「ＬＧＢＴの著名人」を見てもわかる通り、ＬＧＢＴだからといって夢をあきらめる必要はまったくありません。

トランスジェンダーや性同一性障害であっても、希望する性別で、夢を叶えている人たちがたくさんいます。ところが、「こころの性」で働くためには、ホルモン治療や性別適合手術をして、戸籍の性別までですっかり変えなくてはいけないのではないかと悩む子どももいます。実際には、体や戸籍を変えなくても、希望の性別で働くことはできますし、多くの人がそうして働いているのです。

子どものうちは、「早く体も戸籍も希望の性別に変更して暮らしたい」「ＬＧＢＴが生きやすそうな東京に出ることが自分の夢なんだ」と焦りがちです。しかし、手術してからの人生、上京してからの人生は、それまでの人生よりずっと長いのです。

このように、ロールモデルがないことが孤立感や不安など、さまざまなマイナス要素につながり、その結果、肯定的な将来像や人生を描きにくくしています。当事者の先輩たちの暮らしを見聞きしてみると、将来像を描くことに役立つかもしれません。

コラム

LGBTの著名人

日本

近年、LGBTであることを公表している有名人は少しずつ増えています。

マツコ・デラックスや、はるな愛など、おもに「オネエ系」と呼ばれる人びとは、バラエティ番組を中心に活躍しています。

歌手では、「友達の詩」でブレイクした中村中《あたる》が、性同一性障害であることを告白しています。2007年、紅白歌合戦に出演した際、母親からの感動的な手紙が読みあげられたことでも話題を呼びました。

「世界に一つだけの花」「もう恋なんてしない」など数々の楽曲で知られる槇原敬之もゲイであることを明かしました。

スポーツ選手では、第5代女子ボクシング世界フライ級チャンピオンの真道ゴーが、FTMであることを公表しています。また、政治家では、性同一性障害を公表している世田谷区の上川あや議員を皮切りに、LGBTであることを公表して当選する議員が少しずつ現れています。

作家では、三島由紀夫がゲイだったこと、少女文学を多数残した吉屋信子やロシア文学者の湯浅芳子がレズビアンだったことが知られています。

海外

海外では、スポーツ選手から大企業の経営者まで、幅広いジャンルの人びとがLGBTであることを公表しています。

歌手では、イギリスのロックバンド「QUEEN」のボーカル、フレディ・マーキュリーや、エルトン・ジョン、リッキー・マーティンがゲイであることが知られています。また、レディー・ガガは、バイセクシュアルであることを公表しています。彼女の「Born This Way」という曲は、LGBTであることや障がいの有無、人種の違いを超えてありのままで生きることを訴えています。

俳優では、映画『羊たちの沈黙』(1991年)でアカデミー主演女優賞を獲得したジョディ・フォスターや、ドラマ「セックス・アンド・ザ・シティ」のシンシア・ニクソンに女性のパートナーがいることが知られています。

アンジェリーナ・ジョリーはバイセクシュアルで、パートナーのブラット・ピットとは「アメリカで同性婚が認められるまでは自分たちも結婚しない」として、長年にわたり事実婚を続けていました。2013年、「結婚は男女間のものに限る」とした「婚姻防衛法」へ米連邦最高裁が違憲判決を下したことをきっかけに、翌年結婚しました。

スポーツ選手では、競泳のイアン・ソープや、フィギュア・スケートのジョニー・ウィアーがゲイであることを告白。女子サッカーアメリカ代表のワンバックも女性と結婚しました。

政治家では、1970年代のアメリカではじめてゲイを公表してサンフランシスコ市の市会議員に当選したハーヴェイ・ミルクが有名です。『MILK』（2008年、第81回アカデミー主演男優賞ほか受賞）などで映画化もされています。アイスランド元首相のヨハンナ・シグルザルドッティルはレズビアンであることを公表しています。

作家では、この本の冒頭でもご紹介した『ムーミン』作者のトーベ・ヤンソンはバイセクシュアルでした。絵本『かいじゅうたちのいるところ』作者のモーリス・センダックは80歳でゲイであることを告白しました。

そのほか、アップル社長のティム・クック、Facebookの共同創設者クリス・ヒューズはゲイとして、女性初の宇宙飛行士サリー・ライドは、レズビアンとして知られています。

LGBTを応援している人

海外では、LGBTを応援している有名人もたくさんいます。

オバマ大統領は、大統領選で同性婚への支持を表明し、LGBTの若者を応援するためのビデオメッセージをインターネット上の動画サイトに載せています。「ハリー・ポッター」で知られる俳優のダニエル・ラドクリフは、LGBTの若者の自殺防止のNPOに多額の寄付をおこない、自身も積極的にLGBTへの肯定的なメッセージを発信しています。

日本でも、MISIAや宇多田ヒカルなどLGBTフレンドリーな発言をしている有名人がいますが、もっと多くの人が積極的に発言してくれるよう、今後に期待したいところです。

21

「カミングアウト」はハードルが高い

当事者の声

小学生のときからずっと一緒のアヤコ。おれがゲイだって話をしたら、びっくりするかなぁ。ひかれちゃうかなぁ。アヤコのことだから、話したことをだれかに言いふらしたりはしないと思うけど、もしクラスの連中にバレたら、一体なんて言われるのかわからない。そう考えると、やっぱりカミングアウトって怖いなぁ……。

（Mさん／ゲイ／高校生）

「自分はLGBTかもしれない」とだれかに伝えることは、なかなかハードルが高いようです。なかには、LGBTであることをとくに会話のなかで隠したことがないという人もいます。しかし、「いのちリスペクト。ホワイトリボン・キャンペーン」（本書では以下、ホワイトリボン・キャンペーン）が2013年に実施した「LGBTの学校生活に関する実態調査」*によれば、小学生から高校生の時期に、自分自身がLGBTであることを「だれにも言えなかった」のは、「生物学的男子」で5割、「生物

■小学生から高校生の間に自分がＬＧＢＴであることを話した人数（当時）

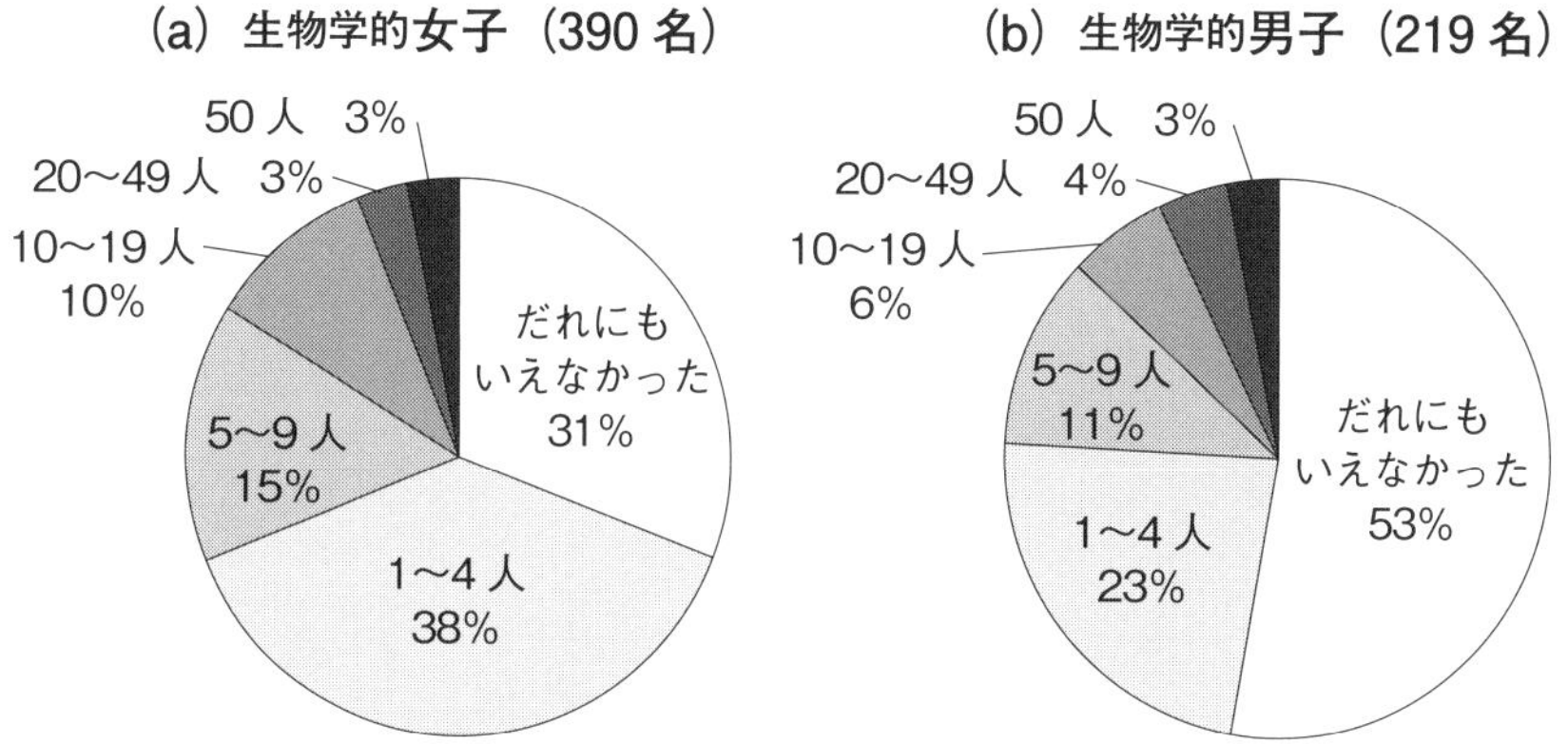

ホワイトリボン・キャンペーン「ＬＧＢＴの学校生活に関する実態調査」（2013 年）

学的女子」で３割にのぼりました。これはかなり高い割合です。「だれかに話した」場合でも、その相手は数人程度（１〜４人）という回答が目立ちました。

ＬＧＢＴの子どもたちの多くにとって、自身がＬＧＢＴであることは「かなり話しにくいこと」「理解されるかどうか不安なこと」であり、数人程度の親友に、がんばって伝えることができるか、できないかという瀬戸際で毎日を過ごしていることがわかります。

当事者が「ありのままの自分を伝えても受け止めてもらえる」と思えるような環境を周囲が整えることが大切です。そのことによって、多感な思春期を安心して乗り越えられる子どもたちはもっと増えるでしょう。

＊小学校〜高校卒業までをおもに関東地方で過ごした10歳〜35歳までのＬＧＢＴ当事者６０９名が回答。報告書全文がウェブ上から読める。
http://endomameta.com/schoolreport.pdf

22

カミングアウトの相手の多くは「同級生」

当事者の声

この前、ＬＧＢＴについてはじめて授業で取り上げました。私自身、これまで生徒からＬＧＢＴだと打ち明けられたことがなく、生徒たちにはこのテーマを理解してもらうのがむずかしいのではと心配していたのですが、感想シートには「友だちにいる」「うちの学校にもいる」と書いてあり、驚きました。教師より、生徒たちのほうがくわしいのでしょうか。（Ｎさん／高校教師／50代）

ＬＧＢＴの子どもたちの多くは、カミングアウトの相手に同年代の友人を選んでいます。ホワイトリボン・キャンペーンの調査でも、高校生以下の子どもたちのおよそ7割が、カミングアウトの相手として同級生をあげています。部活の仲間など、同世代の友人も比較的カミングアウトしやすいことがわかりました。

一方で、教師や両親など、いわゆる大人は「カミングアウトされにくい」ようです。カミングアウト

■ＬＧＢＴであることを打ち明けた相手（複数回答）

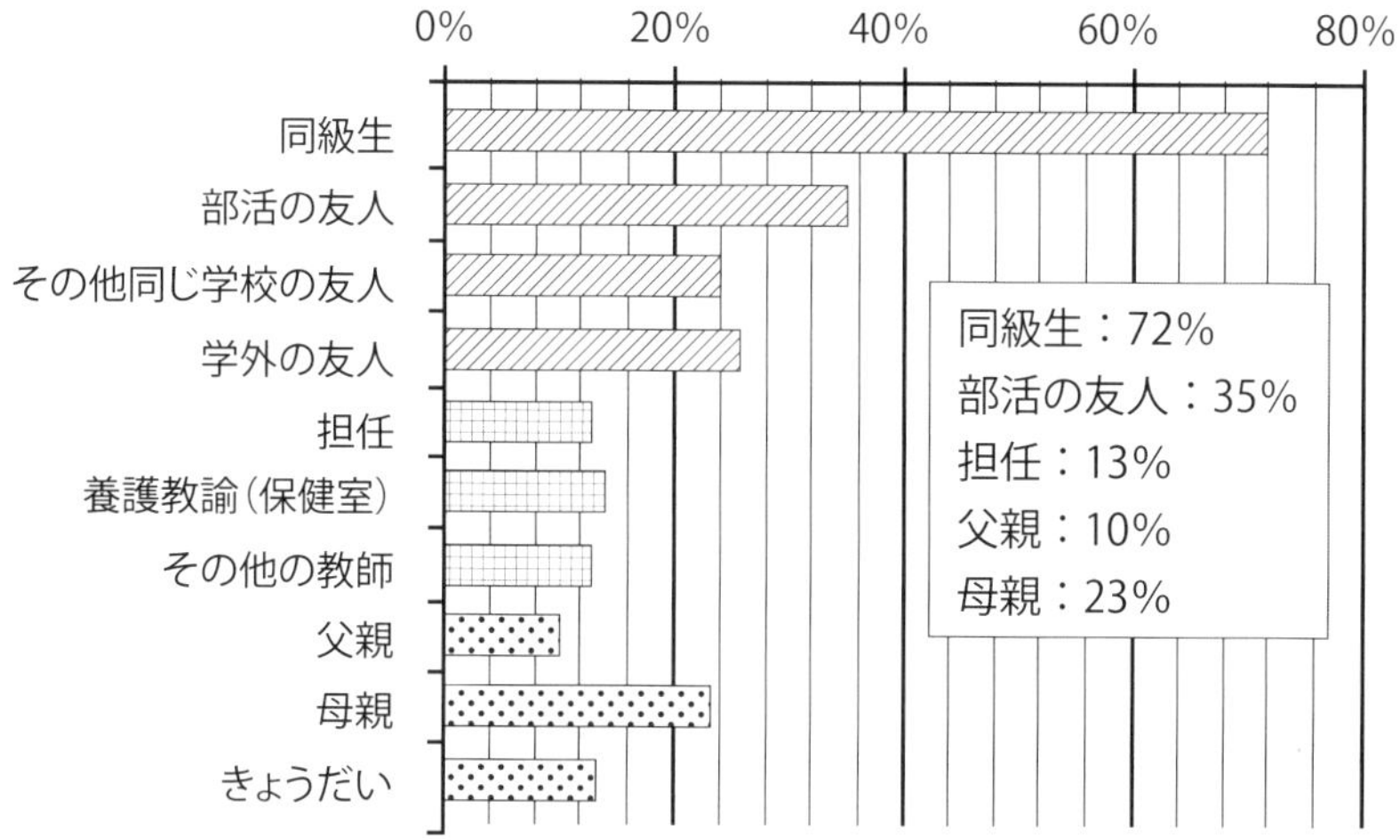

＊ %は「だれかに話した」と回答した者に占める割合。

ホワイトリボン・キャンペーン「ＬＧＢＴの学校生活に関する実態調査」（2013 年）

経験のある子どもたちのおよそ2割程度しか、大人にカミングアウトしていません（上図参照）。思春期の子どもたちは、悩みや困りごとを同世代の友人に相談する傾向がありますが、ＬＧＢＴの問題についても同様です。勇気をふり絞って、やっと数人程度の親友に話すというケースが多く、教師には把握がむずかしいことがほとんどかもしれません。

教師や大人はＬＧＢＴの子どもから相談を受けたことがなくても、子ども同士ではカミングアウトが起きているかもしれないこと、大人の見えないところで、子どもたちが受容や拒絶を体験している可能性が高いことを想定しておくべきでしょう。

だれもがＬＧＢＴについての正確な知識をもち、肯定的に受け入れることのできるようなクラスをつくるように心がけます。

23

性についてのうわさ話が勝手に広まる

当事者の声

友だちに「先輩のことが好きなの？」って聞かれたから「うん」って返事した。そしたら、その子が面白がってまわりに言いふらしちゃった。おかげで私がレズビアンだってことは、いまではだれもが知っている。さすがにショック。好きな先輩が変わらずやさしくしてくれてるのにはほっとしたけど、こんな形で知られたくなかったよ。

（Oさん／レズビアン／中学生）

本人が望まない形で、その人のセクシュアリティを第三者が広めてしまうことをアウティングといいます。アウティングは、その人の尊厳を大きく傷つけてしまうことがあります。

本人は「この人ならば、恋愛の話を楽しくできるかもしれない」「この人ならば、真剣に相談に乗ってくれるだろう」「この人には自分の本当の姿を知ってほしい」などと思う相手に対して、ときには勇気をふり絞ってカミングアウトします。

反対に、「絶対に知られたくない」人物が存在することもあります。ＬＧＢＴについて、いつも心ないジョークを飛ばしている同級生や、「男らしくしなさい」と口うるさく注意する両親などに知られてしまえば、これまでの生活が一変して危険なものになってしまいます。アウティングされた結果、部活で仲間外れにされたり、家での居場所をなくしてしまうこともあります。このような具体的な恐怖がなくても、「面白おかしいウワサ話になってしまうくらいなら、ていねいに伝えられる人にだけ直接話したい」など、情報が無限定に飛び交ってしまうことに不安を感じることもあります。

カミングアウトは、相手への信頼にもとづく行為です。打ち明けられた内容は、本人の許可なく他人に話さない（アウティングしない）ことが大前提です。それは教師がカミングアウトされた場合も同様です。何を、だれに、どこまで伝えたいのかを本人がきちんと考え、自己決定できることが重要です。

とはいえ、ＬＧＢＴの子どもへの対策は、学校全体で取り組む必要がありますから、カミングアウトされた内容について、同僚の教師や管理職に知らせなければならない場合も出てくるでしょう。その際は、本人に「このことをほかの先生に話してもいい？」と確認を取り、一緒に考える時間をつくります。

また、教師という職業上、子どもの家族に対しても連絡しなければならないのではないかと考えがちですが、本人の許可なく伝えることは絶対に避けます（１０２ページ参照）。

24

性自認に一致しない制服を着なければならない

当事者の声

最初の高校を中退したときには「もうこれで女の制服を着なくてすむんだ」と思って、そのことだけがうれしかった。毎日スカートを履いて外を歩くなんて、下着で外に出るぐらい恥ずかしかったから。その後、アルバイト先を転々として、いま20歳。ようやく男子の制服で高校に入り直して、当時の自分がやりたくてもできなかった青春を探している。

（Pさん／FTMトランスジェンダー／高校生）

学生服の着用は、性別違和をもつ子どもたちにとって大変なストレスとなることがあります。「自分は男なのに、なぜセーラー服を着なければならないのか」「おしゃれをしている女子がうらやましくて自分がみじめになる」といった強烈な感情を抱えながら、毎日を過ごさざるを得ない子どもたちがいます。この違和感は、ときに「下着姿で外を歩かされているようだ」「パジャマで暮らしているようだ」

と表現されるほど、本人にとっては屈辱的で耐えがたいものです。

自分なりに工夫をして「ジャージ姿でいる」「ネクタイやリボンを外す」「上からジャンパーを着る」など、精神的な苦痛をできるだけ軽減させようとする子どももいます。本人にとっては学校生活を送るための苦肉の策ですが、周囲に想像力がないと、単なる校則違反や「よくないこと」、単なるわがままとみなされる可能性があります。「制服をきちんと着なさい」と短絡的に指導するのではなく、「制服を着たくない理由があるのかもしれない」と、一度立ち止まって考えてみる必要があります。

また、校則に髪型の規定があり、「長く伸ばした髪の毛を切らざるを得なかった」といったケースもあります。服装や髪型に関する葛藤が大きい場合、不登校になってしまうことも少なくありません。岡山大学病院ジェンダークリニックの調査では、２００９年までに同病院で性同一性障害の診断を受けた人のうち、およそ3割が不登校を経験していること、制服の問題が不登校の大きな理由となっていることが報告されています。学生服の着用に関するルールを見直し、苦痛を訴える生徒に対しては、柔軟な対応ができるような体制を整えることが必要です。

25 トイレに入れない、更衣室で着替えられない

当事者の声

男子トイレを使うのがイヤ。立ったままおしっこしたくない。けど、個室を使っているのを冷やかされたこともある。だから人気がない図書館のトイレを使ったり、休み時間じゃなくて授業中にいったりする。体育で着替えるときも、体を見られたくないのに、「男同士だからいいだろ」って感じで、みんなから雑に扱われてしまうのが困る。

（Qさん／MTFかな？／中学生）

学校のトイレや更衣室は、男女別に分かれています。このように、明確に男女別に分かれた施設を使用する際、自分の性自認とは異なる空間を割り当てられたトランスジェンダーの子どもたちは抵抗を感じます。望まない男子トイレや女子更衣室を使うことは、自分の性自認を自ら否定しているかのような情けなさや、場違いな空間にいる気まずさがあるからです。

自分の性自認とは異なるトイレに入るところを、同級生などほかのだれかに見られないように、わざ

わざ人気のないトイレを選んだり、授業中など、他人が使わない時間帯を選んで使用したりすることがあります。「行きたいときに、すぐにトイレに行けない」ことは、単に不便であるだけでなく、健康面からも負担のかかることです。排尿を我慢し過ぎると、膀胱炎《ぼうこうえん》になってしまうこともあります。

また、更衣室やロッカールームを使用するときも、ほかの子どもが着替えているときには入ることができなかったり、なんとか使用できても、苦痛を覚えたりします。異性の集団に入れられることで、子どものアイデンティティや尊厳は傷つけられます。さらに自分の体が他人にさらされるということは、体に違和感やコンプレックスをもっている当事者にとっては、とてもつらいことです。

ゲイやレズビアン、バイセクシュアルの生徒のなかにも、恋愛対象の子と一緒に着替えなくてはいけないことがイヤだという人もいます。

ＬＧＢＴ当事者でなくとも、自分の裸や下着姿を他人に見せることには、多かれ少なかれ、だれもが抵抗を感じるものです。とりわけ、体に大きな傷跡があったり、やせている／太っているなどに大きな悩みやコンプレックスがあるといった場合などは、やはりプライバシーの守られる環境のほうが安心します。

自分の裸や下着姿をだれに見せるのかは、まわりではなく、その人自身が決定することだという認識をもつことが大切です。

26

体育の授業に参加できない、プールに入れない

当事者の声

プールの授業で水着になるなんて考えられない。女子と男子ではっきり分けられるのもイヤだし、体の線が出るような格好をするなんて絶対にイヤだ。だからいまのところ、お腹が痛いってことにして見学している。でも、そろそろそれも限界かもしれない。先生から、さぼっているんだろうと目をつけられている気がする。

（Rさん／FTMトランスジェンダー／中学生）

性別違和のある子どもたちにとって、性自認と異なる扱いをうける男女別の授業は、居心地の悪いものです。

たとえば、体育では、25にあげた更衣の問題だけでなく、「男子はサッカーや組体操」「女子はバレーボールやダンス」といったように、男女別の授業がおこなわれています。たしかに、体格の違いなど、安全面の配慮から、男女別にわけることが合理的だと思われる場面はあります。しかし、いざ性自認と

は異なる性で扱われると、性別に違和感のある子どもは、やはりつらいと感じます。とくに、プールの授業は、水着が男女ではっきりと分かれているうえに、水着を着ることで体格や体型がわかってしまうので、ストレスの大きいものとなります。マラソンやレポートなど、別の課題であれば一緒にできるけれども、プールだけはどうしてもイヤだという声を聞くほどです。

男女で分けられる場面は、体育の授業以外にも、体育祭や掃除の班分けなどたくさんあります。性別異和のある子どもたちは、そのたびに、なんとかしてその場から逃れようとしたり、逃れられない場合には、自分の居心地の悪さを抑えつけたりしながら参加しています。

このような体験をくり返していると、だんだんと自分の気持ちをきちんと受け止め、大切にすることがむずかしくなっていきます。「こんなことで苦しまないような人生がよかったのに」「なぜ自分はトランスジェンダーに生まれてしまったんだろう」と思い、自己肯定感を持てず、自分のことが嫌いになってしまうこともあります（104ページ参照）。

27

健康診断の日は憂鬱《ゆううつ》

当事者の声

女子はプライバシーの配慮をしてくれるのに、なんで男子は廊下に上半身裸で並ばされるの？　恥ずかしいのに、理解されない。

（Sさん／MTFトランスジェンダー／高校生）

性別違和をもつ子どもたちの多くは、自分の体をほかの人に見られたくないと感じています。男らしさや女らしさについての世間のイメージと、自分の体つきにはギャップがあるため、他人からの視線が非常に気になるのです。

また、自分の体や下着姿を見られてしまえば、周囲からは二度と自分が認識している性別で見てもらえないかもしれないと恐れていることもあります。

たとえば、「胸があるのを見られたら、もう男としては認識してもらえない」「筋肉質な体だと思われたら、女子の集団に混ざって遊ぶことがむずかしくなってしまうだろう」などと考え、さらに自分の体を嫌悪し、絶望してしまうのです。

健康診断など、着替えたり、下着姿になったりする場面では、不用意に他者からのぞかれないように、すべての生徒のプライバシーが守られる環境を保障する必要があります。このことは、性別違和のある子どもたちだけでなく、太っている・やせている、体に傷やあざがあるといったさまざまな事情やコンプレックスを抱えている子どもたちにとっても、とても大切な配慮です。

また、「午前中は男子」「午後は女子」というように、男女で別れておこなう場合も、性別違和のある子どもは、自分の性自認とは異なる性別に割り振られてしまうことに対して、異性の集団にひとりまぎれこんでしまったような居心地の悪さや気まずさを覚えてしまうことがあります。これは、男女別のトイレや更衣室を使う場面での悩みごと（86ページ参照）と同じです。

あまりに苦痛のため、健康診断の日は学校を休んでしまうという子どももいます。しかし、健康診断を受けることは、健康な生活を維持するためにとても大切なことです。受診しやすいよう、可能な限りプライバシーに配慮する、ほかの生徒とは日や時間をずらして受診できるようにするといった対応も検討する必要があります。また、身体測定など、かならずしも性別で分ける必要のないものについては、混合でおこなうことを検討してもよいでしょう。

28

宿泊行事が楽しめない

当事者の声

修学旅行とか、合宿とか、当たり前に男子部屋にさせられるし、「好きな女子いないの？」と聞かれたり、下ネタの話で盛り上がったりで、本当に居場所がない。みんなでお風呂に入るとかだってありえないし、タオルをとられそうになったこともある。部活の合宿も憂鬱《ゆううつ》だったから、1年生でやめちゃった。

（Tさん／男っぽくするのがイヤ／中学生）

宿泊行事での部屋割や、部屋での生活は、どの子どもにとっても「一大事」ですが、性別違和のある子どもたちにとっては、とりわけ重大です。風呂やシャワーが共同である場合には、自分の体をほかの人に見られることになり、大きな苦痛を感じます。旅行に行く前から「お風呂はどうやって切り抜けよう。何日間ぐらいなら入らなくても済むのかな」「みんなが入らない時間はないのかな。ひとりで入れるお風呂やシャワーは部屋についていないだろうか」と思い悩み、疲れ果ててしまいます。その結果、修学旅行や部活の合宿に参加することそのものをやめてしまうことがあります。

また、宿泊行事は、非日常空間を同級生たちと過ごす特別な時間でもあります。トランスジェンダーの子どもは、性自認とは異なる性別の集団に入れられ、気を使いながら過ごさなければなりません。夜になると、部屋のなかでは「だれが好きか」といった話題やうわさ話が飛び交うことが、しばしばあります。ゲイやレズビアン、バイセクシュアルの子どもたちの場合には、周囲の恋愛話についていけずに、異性愛者のふりをしたり、その場から逃れようとしたりと、せっかくの旅行なのに楽しめないことがあります。

子どもにとって宿泊行事は、同年代の友人と濃密な時間を過ごせる特別なイベントです。大人になってからでは味わえないような刺激や、楽しい思い出づくりができる機会でもあります。このような機会は、どの子どもにも安心して味わう権利がありますし、お風呂や部屋割りのことで台無しになってしまうのは、あまりにもったいないことです。

学校側にある程度の配慮（129ページ参照）があれば、性別違和のある子どもにとっても、宿泊行事や部活の思い出は、かけがえのない青春の1ページとなります。困っているようすの子どもがいたら「何か気になることはある？」「どうしたらいいかな」と声をかけて、一緒に考えます。

29

本名が恥ずかしくて通称名で通学したい

当事者の声

本名は、女性っぽくてかわいらしい名前。フルネームで呼ばれると、自分が自分じゃないみたいで恥ずかしい。英語の授業とか、下の名前で呼ばれることがあって、気が気じゃない。本当は通称名で通学したいけど、そういうのってできるのかな？

（Uさん／たぶんＦＴＭトランスジェンダー／中学生）

学校で使用する名前についても、戸籍や法律上の名前ではなく、性自認にあった通称名を使いたいと考える子どもたちがいます。

周囲にカミングアウトしているなど一定の環境が整っている場合には、通称名での通学が可能かどうか検討する余地があるでしょう。公立学校の場合には、公的書類の記載などで通称名がどうしても使えない場面がありますが、その場合でもどのような工夫ができるかを検討してみましょう。

30

およそ7割がいじめや暴力を経験している

当事者の声

小学校高学年から「オカマ」って言われ続けてきました。「性別チェック」とか言って、ズボンを脱がされたこともあります。修学旅行でお風呂に入るときなんか、もう最低でした。いじめのことは、クラスのみんなが知っていたはずなのに、だれも止めてくれませんでした。

（Vさん／MTFトランスジェンダー／高校生）

さまざまな調査によって、LGBTの子どもが頻繁にいじめの被害にあっていることが示されています。ホワイトリボン・キャンペーンの調査（2013年）でも、LGBTの人びとのおよそ7割が、子ども時代になんらかの形でいじめや暴力を経験していました。

この調査では、あくまでもいじめや暴力にあった経験の有無だけをたずねているため、そのすべてが「LGBTであること」を理由に起こったわけではないでしょう。とはいえ、この数字からは、「集団か

■いじめや暴力の被害にあった経験

	ＬＧＢＴ回答者全体	性別違和のある生物学的男子
身体的な暴力	20%	48%
言葉による暴力	53%	78%
性的な暴力（服を脱がされる・恥ずかしいことを強制）	11%	23%
無視・仲間はずれ	49%	55%
上のような経験はない	32%	18%

ホワイトリボン・キャンペーン「ＬＧＢＴの学校生活に関する実態調査」（2013年）

ら浮いている」「なんとなく、みんなと違う」など、ＬＧＢＴの子どもたちが抱える苦労がかかわっているように読みとれます。

とくに、性別違和を抱える男子（ＭＴＦなど）に対するいじめは長期化しやすく、身体的な暴力（48％）、性的な暴力（23％）など、深刻な被害を受けやすいことが明らかになりました。性的指向の違いは目に見えにくい一方、性別違和のある子どもは、立ち振る舞いや話し方が典型的な「男らしさ」や「女らしさ」とは一致せず、違いが目立ってしまうことがあるからです。「男らしくない男子」は、いじめのターゲットになりやすく、周囲からの助けも得にくいことが推測されます。

さらに、教師からも「男らしくない／女らしくしない」と言われたり、それを好ましくないこととされたりすると、子ども同士のいじめもさらにエスカレートしてしまいます（99ページ参照）。

31 「ホモネタ」に傷つく

当事者の声

隣のクラスに声の高い男子がふたりいて、「オネエ1号・2号」ってあだ名をつけられている。みんなすごく笑うから、仕方なくぼくも合わせて笑っている。つぎは自分が狙われるんじゃないかと思うと、もう何も言えない。本当はイヤだ、やめてほしいって叫びたい。

（Wさん／ゲイかも／中学生）

ＬＧＢＴについて、学校の友人や同級生が不快な冗談を言ったり、だれかをからかったりしたことがあるかたずねたところ、当事者の84％はなんらかの形でこれらを見聞きしたことがあると回答しました。*

ＬＧＢＴを「普通」「正常」ではないおかしな人たちと決めつけて「気持ち悪い」と言ったり、単なる冗談のネタとして消費したりする、いわゆる「ホモネタ」が蔓延していることがわかります。

ＬＧＢＴの子どもがひとりで「やめてほしい」と声をあげることは困難です。胸が痛んだり、ドキッとしたりしてしまい、とっさに「イヤだ」と言えないのです。ホモネタを見聞きしたときの反応として

■ＬＧＢＴやオネエをネタとした冗談やからかいを見聞きした際の対応
（複数回答）

	ゲイ・バイセクシュアル男子	ＬＧＢＴ回答者全体
何もしなかった	68%	76%
自分がいじめられないよう一緒になって笑った	38%	29%
やめてほしいと言った	14%	14%
親に相談した	2％	1％
学校の教師に相談した	1％	2％
他の友人や同級生に相談した	2％	3％

ホワイトリボン・キャンペーン「ＬＧＢＴの学校生活に関する実態調査」（2013年）

は「何もしなかった」が7割で、ゲイ・バイセクシュアルの男子においては、「自分がいじめられないように一緒になって笑った」（38％）という回答がとくに目立ちました。みんなが特定の子どもを笑っているときに、一緒になって笑わないと、「あいつ、ひょっとしたら……」と怪しまれ、今度は自分が攻撃されてしまうかもしれないと恐れるのです。回答結果から、自分自身が笑われているのと変わらない状況で、「踏み絵」をつきつけられている子どもたちのつらさが表れています。

ＬＧＢＴへの差別的な発言や冗談、からかいを見聞きしたときは、すぐ気づいてそうした同調圧力を止めなくてはなりません。

＊ホワイトリボン・キャンペーン「ＬＧＢＴの学校生活に関する実態調査」（２０１３年）

32

教師の無神経な発言でいじめがひどくなる

当事者の声

将来どんな家族をつくりたいかを考える授業があった。私にはつき合っている彼女がいて、高校を卒業したら、２人でルームシェアしたいと思っている。でも、先生は「海外には同性同士で結婚できる国もあるらしいけど、このなかにはいないよな～」と冗談を飛ばしてて、すごくムカついた。

（Xさん／バイセクシュアル／高校生）

ＬＧＢＴを揶揄《やゆ》する「ホモネタ」は、子どもたちのあいだだけに蔓延しているわけではありません。しばしば、教師が授業中や休み時間に、ＬＧＢＴをからかうような発言をし、クラス全体がそれで盛り上がってしまうという状況がみられます。

教師が「ホモネタ」を話すことは、「同性間の恋愛や、非典型的な性別のあり方について笑ってもよい」「からかってもよい」「この教室にはＬＧＢＴなんて存在しない」というメッセージを、教師自らが発信していることと同じです。教師が自ら「ホモネタ」のお手本となり、ゴーサインを出しているようなものなのです。

教師による「ホモネタ」は、自分はLGBTかもしれないと思っている子どもたちに破壊的なインパクトを与えます。教師がゴーサインを出していれば、子どもたちは「LGBTはからかったり、いじめたりしてもよい」「先生も同じことをしている」と思い、さらに強い攻撃を仕掛けるようになるのです。仲間外れやからかいは、身体的暴力や性的いやがらせに発展し、最終的にはクラス全体をまきこんでのいじめにつながってしまうかもしれません。

最近の研究では、長期化・深刻化してしまういじめの背景には、教師の対応が関係していることがわかってきました。子どもたちが「冷やかし」をしている際に教師がそのことを見逃したり、「冷やかし」に加担したりすると、子どもたちはいじめや差別が容認されたと理解し、深刻ないじめにつながっていくのです。

子どもたちのあいだで蔓延している「ホモネタ」を止め、性の多様性を伝えることこそ、教師の役割です。自らの言動を振り返ってみましょう。

コラム

性の多様性を伝える言葉

性の多様性を伝えるときに、どんな言葉を選ぶのかはとても重要です。とくに、これまでの歴史において、ネガティブな文脈で使われてきた言葉には注意が必要です。

たとえば、レズビアンや「女性が好きな女性」という言葉はニュートラルな表現ですが、レズという言葉はネガティブな意味合いで使われてきた歴史があるので、不用意に使わないほうがよいでしょう。ホモ、オカマ、オナベ、おとこおんなという言葉も同様です。ニューハーフは、セクシュアリティというよりはそのことで接客をしている職業の人を表すことが多いようです。また、何が「普通」「ノーマル」なのかは、人それぞれ感じ方が異なります。

その言葉のもつ意味や、受け取った側にどのような印象を与えるかを想像して使うことが一番のマナーです。

なかには自分のことを「オカマ」「レズ」など、あえて自虐的な表現で呼ぶことで、ネガティブなレッテル貼りを笑い飛ばそうとする当事者もいます。しかし、周囲が同じように「オカマ」「レズ」と呼ぶのは意味合いが異なります。これは、自分で自分のことを「オカマ」「レズ」というのは平気でも、ほかの人に言われると傷ついたり、内心イヤであったりすることがあるからです。昨今ではレズビアンを「ビアン」と呼ぶなど、当事者のなかでも呼び方の流行があります。一般的には、表にあるニュートラルな言葉を使うのがよいでしょう。

■性の多様性を伝える言葉

ニュートラルな言葉	ＬＧＢＴ、セクシュアル･マイノリティ、レズビアン、ゲイ、同性愛、異性愛、バイセクシュアル、トランスジェンダー、ＦＴＭ、ＭＴＦ
注意を要する言葉	ノーマル、普通の人、おとこおんな、レズ、ホモ、オカマ、オナベ、ニューハーフ

33

家族だからこそ打ち明けにくい

当事者の声

夕飯を食べ終えた後、テレビを見ていたら「オネエタレント」の人が出てきた。母親はゲラゲラ笑っているし、父親は「気持ち悪い、別の番組に変えろ」だってさ。うちの親、まさか自分の子どもが同性愛者だなんて考えてみたこともないんだろうな。そのことで息子が悩んでいるなんて、想像もつかないんだろうな。このふたりにだけは、自分のことを話したくない……。

（Yさん／ゲイ／高校生）

LGBTの子どもにとって、家族との関係はなかなか複雑なテーマです。よく「家族だからわかりあえるのでは？」「やっぱりLGBTであることを家族には知っておいてもらわないと」と思いがちですが、現実には、家族という身近な存在だからこそ、わかり合うまでには時間がかかることが多いのです。職場の同僚など、周囲の人にはカミングアウトしている大人であっても、家族にだけは打ち明けることができていないというケースも珍しくありません。

子どもの場合、家族とは「保護者」であり、家族の支え抜きには生活できません。カミングアウトしたり、アウティング（82ページ参照）をされたりすることで両親やきょうだいが混乱し、その結果、家族から拒絶されたり、非難されたり、暴力を振るわれたりするようなことがあれば、生存自体が脅かされてしまいます。実際に、欧米ではＬＧＢＴであることを家族に知られた子どもたちが、家庭で居場所を失い、ホームレス化することが社会問題となっています。日本でも、家族の無理解から、家出せざるを得ない子どもたちがいます。

教師としては、生徒からカミングアウトされることがあれば、「まず、保護者に相談しなければ」と考えるかもしれません。しかし、本人の合意なしに保護者に話すことは避けるべきです。子どもが自分自身の生活を守れるようにするため、家族にいつ、どのようなタイミングで話すのかは、子ども本人がよく考え、決定できるようにする必要があります。

34

自己肯定感が低い

当事者の声

出会い系サイトで会った人と毎週末エッチしている。その瞬間だけでも、あぁ自分は必要とされているんだなって思う。相手がお金をくれることもある。大丈夫かなと思うけど、こんなことだれにも言えない。（Zさん／ゲイ／高校生）

ＬＧＢＴの子どもたちは、ときに健全な自己肯定感を育むことが困難な状況におかれています。学校でいじめや暴力被害にあい、家庭では孤立し、どこにも「本当の自分」を受け入れてくれる人が見当たらないとき、その子どもは絶望し、自分自身を大切にすることができなくなります。

さらに、子ども自身が同性愛嫌悪（ホモフォビア）を内面化している場合には、「同性が好きな自分なんていなくなったほうがよい」「どうせ同性愛者なんだから、自暴自棄に振る舞ってもよい」と考え、インターネットなどを介して出会った見知らぬ人と性的関係をもってしまうこともあります。

ＬＧＢＴ向けの出会い系サイトには「だれかに自分の話を聴いてほしい」という気持ちで書き込みを

している子どもたちがたくさんいます。仲間を探す手段がほかに思い浮かばないために、興味本位も混じってこうしたサイトにアクセスしてしまうのです。しかし、そこに待ち受けているのは、「最初だけ親切にやりとりをしてくれる大人」です。子どもにしてみれば「ようやく自分のことをわかってくれる人と出会えた」と感激したのもつかの間、性的関係を強要されてしまうのです。

ＬＧＢＴの子どもたちにとって、学校や家庭などが「安心できる場」であれば、このような事態は起こりにくいでしょう。しかし、現実にはそうなっていないために、問題が複雑化して表れているのです。

家に帰らない、出会い系サイトを使っている形跡がある、刹那的で自暴自棄な言動が目立つといった傾向がみられる子どもたちのなかに、ＬＧＢＴなのではないかと疑う子がいるときは、まずそのことを受けとめたうえで、「あなたに寄り添いたいと思っている。いまの行動を心配している」ことを伝えましょう。

いますぐに問題行動を止めることはむずかしいかもしれません。頭ごなしに「お説教」をするのではなく、居場所をほかにも見つけられるかどうかや、本当に困ったり、危険な状況になったりした際には相談機関（１３８ページ参照）に話せることを伝えてください。混乱の最中にあっても、「自分のことを本当に大切にしてくれる人」との時間を少しずつ積み重ねることは、大きな意味をもちます。

35

自傷・自殺のリスクを抱えている

当事者の声

ホームで電車を待っていると、ふと飛び込みたくなるときがあります。自分の人生に疲れちゃって。毎日、うその自分をやっているのも、もうイヤだなって。リストカットしているけど、だれにもバレていません。カウンセラーに一度会ったけど、女の子が好きって言えなくて「生きていたくない」しか言えませんでした。

（Aさん／レズビアン／高校生）

ＬＧＢＴの子どもたちは自殺のハイリスク集団であることが知られています。アメリカでは自殺する10代の若者のうち、じつに3人に1人がＬＧＢＴであるといわれています。日本でも、ＬＧＢＴの子ども・若者と「自殺の問題」は切り離せません。

69ページで紹介した、日高庸晴教授らのインターネット調査によれば、ゲイ・バイセクシュアル男性の65・9％が自殺を考えたことがあり、14％は実際に自殺未遂を経験したことが報告されています。性同一性障害の診断を受けた人を対象とした岡山大学の中塚幹也教授の調査でも同様に、7割近い当事者が自殺を考えたことがあると回答しました*。

子どもたちを追い込んでいるのは、これまでにあげてきたような生活上でのあらゆる困難や孤立感、自己否定感です。自殺を考えるきっかけには、何か決定的な事件（失恋や受験の失敗、家族との大ゲンカなど）が関連していることもあれば、そうではなく、日常的に「消えてしまいたい」と感じていることがつながっていることもあります。

「自分なんか消えてしまったほうがいい」「死んでしまいたい」「消えたい」など、自殺をほのめかす発言があった場合には、実際に計画があるかどうかをたずねてみてください。子どもの発言を深刻に捉えていることのメッセージになります。自傷行為が止まらないようであれば、養護教諭などと連携して、サポートする環境を整えましょう。「生きるつもりで切っている」リストカットであったとしても、結果として命を落とすような重大な自傷行為へと発展してしまうことがあります*。

すぐには解決できないことも多いかもしれません。しかし、「あなたのことが大切なんだよ」というメッセージを、発信し続けてください。

＊新井富士美・中塚幹也ほか「性同一性障害の思春期危機について」（日本産科婦人科學會雑誌60巻2号827、2008年）

＊自傷行為への対応については、松本俊彦『自傷行為の理解と援助―「故意に自分の健康を害する」若者たち』（日本評論社、2009年）に非常にくわしく書かれています。思春期の子どもの支援にかかわる大人は必携の一冊です。

第3章

教師・大人ができること

36

教師や大人は観察されている

当事者の声

男子同士でじゃれ合っていたら、「お前らホモか！」とからかってきたA先生は、サイアク。あの先生には何があっても絶対に言わない。「触れてはならないNGリスト」に入れて、なるべく顔を合わせないようにしている。一方で、レディー・ガガが好きだというB先生は、なんとなく理解がありそう。いろんな人がいて当たり前って感じだし、オーラが自由。B先生は「いざとなったら言えるリスト」に入れている。

（Bさん／バイセクシュアル／高校生）

だれが味方になってくれそうか／くれそうでないかを、悩んでいる子どもたちほど、よく観察しています。日常的な言動が「見られている」ことに、ぜひ自覚的になってください。

日頃から、教師が性の多様性について肯定的な発言をしていれば、子どもたちは「この先生になら、何かあったときには打ち明けられる」と安心することができます。たとえカミングアウトができなかったとしても、学校で自分はひとりぼっちではないこと、味方になってくれる先生がいると感じることができます。

当事者の子どもは、卒業から何年経っても「あの先生は、いつもみんなと恋愛の話をするときには、『同性でも異性でも』とつけ加えてくれていた」「英語のディスカッションで、ゲイカップルの子育ての話をしてくれて励まされた」など、教師の肯定的な発言を覚えています。また、クラスのだれかがカミングアウトされたとしても、日頃の教師の振る舞いが肯定的であれば、そのカミングアウトを受けとめやすくなるでしょう。

反対に、教師が日常的に「ホモネタ」を口にしたり、性別による決めつけをしたりしていれば、自分がLGBTであるかもしれないと思っている子どもたちからは、とても警戒されるでしょう。また、そうした言動が人の尊厳を損なう行為ではなく、許容されるべきジョークにすぎないのだというメッセージをほかの子どもたちに発信してしまうことにもつながります（99ページ参照）。

教師の何気ない「ホモネタ」ひとつで、子どもたちからの信頼は大きく傷つきます。「NGリスト」に一度載ってしまえば、信頼を再び取り戻すことは困難です。

37 ポスターやリーフレットを掲示する

当事者の声

廊下にＬＧＢＴのポスターが貼り出されていて、心臓がドキッとした。そのポスターを立ち止まってゆっくり見たり、友だちと話題にしたりすることなんて、とてもじゃないけどいまはできない。興味がないふりをして素通りしているだけ……。
でも、ポスターがあってうれしかった。だれかが貼ってくれたことがわかったから。いざとなったら、「自分はこれなんだ」って指をさして、友だちに言えるかもしれない。

（Ｃさん／ＦＴＭトランスジェンダー／中学生）

ＬＧＢＴや「性の多様性」に関するポスターやリーフレットを廊下や保健室に掲示しましょう。そうすることで、「ここは安全な場所だ」「安心して話せる人がいる」というメッセージを伝えることができます。また、正確な知識にもとづくコミュニケーションが生まれやすい環境をつくることができます。

ある養護教諭は、子どもから「ぼくたちは歯磨きやインフルエンザのことは、別にポスターがなくても、普通に話題にすることができる。でも、セクシュアル・マイノリティや性感染症のことは、貼っておいてくれないと話せないんだよ」と言われたそうです。壁に貼ってあれば「この話ってさあ……」「最近ニュースでもこの話を聞いたよ」などと話のきっかけにできますが、何もなければ、ゼロから会話の手がかりをつくり出さなければなりません。ポスターやリーフレットがあれば、興味をもった人が自分のペースでゆっくり情報を得ることができます。肯定的な会話を増やすきっかけをつくることもできます。

「自分はＬＧＢＴかもしれない」と思っている子どもたちにとっては、立ち止まってそのポスターを眺めたり、リーフレットを手に取ったりすることは、ハードルの高いことでしょう。そんなことをしたら自分がＬＧＢＴであることが知られてしまうのではないかと過剰に意識して、素通りをすることがほとんどかもしれません。しかし、ポスターが発信する「いざとなれば力になってくれる人がいる」というメッセージは、大変心強いものです。ポスターやリーフレットの入手先は２０６ページをご参照ください。

38

「ホモネタ」やいじめのサインを見逃さない

当事者の声

クラスのなかでオネエキャラにされている生徒がいます。ヘアピンで髪を留めたかわいらしい画像が生徒のあいだで出回っています。子どもたち同士でじゃれているだけにも見えますが、本人はじつは嫌がっているのかな……と思うときもあるので、ときどき声かけをしています。

（Dさん／中学校教師）

一見、悪意を感じさせない「キャラいじり」のなかにも、LGBTやオネエをネタにしたやりとりが含まれていることがあります。最初は本人も「オネエいじり」などをされていて、まんざらでもないように見えることもあります。しかし、そのような場合でも、「いじり」がかんたんに「いじめ」に変化してしまう可能性があることや、本人が後になってから「やっぱりあのときはつらかった」と感じるかもしれないことを、心に留めておきましょう。

さりげなく、「いつもみんなから人気だよね」と声をかけつつ、「みんなからいじられるのも疲れるよね」と話をふってみて、その子の気持ちを確認してみてください。本当にそのキャラクターでいることが楽しいのかもしれませんし、無理をしているのかもしれません。

また、クラスに「ホモネタ」で笑いをとる子どもや、性別をからかう子どもがいたり、いじめのサインが生じたりしたときには、無視せずに取り組むことが大切です。むしろ、性の多様性について肯定的なメッセージを発するチャンスとして活用します。

「ホモネタ」を止めるためのもっとも効果的な方法は、**①すぐに、②その場で、③そのたびごとに、④何度でも、**伝えることだといわれています。「どんな意味でその言葉を使ったの?」「この世界にはいろんな人がいるのが当たり前だから、おかしいことだとは先生は思わないよ」「そうした言葉を使うと悲しい気持ちになっちゃう人もいるんじゃないかな」などと的確にメッセージを伝えられるよう、状況をシミュレーションしてみましょう。教師がひとりで取り組むのはむずかしいかもしれません。周囲と連携して、対策を考えます。

クラスにおける関係性を見守りつつも、何かあったときには、「いじられている」子どもが相談をしやすい環境をつくるように心がけます。

39
あらゆる授業で肯定のメッセージを送る

当事者の声

人にはいろいろな事情があって当然だということを、その都度話してくれる国語の先生がいる。「家族の素晴らしさ」を描いた小説を扱うときには、「このなかにはいろいろな家族や事情の人がいて当然。家族だから感謝しようとか、親は尊敬するものだとか、決めつけたいわけじゃない」と添えてくれたり、三島由紀夫を扱ったときにも、彼がゲイだったことを真面目に話してくれたり。この先生にならら話してもいいと思っている。（Eさん／レズビアン／高校生）

保健や家庭科、あるいは課外授業の形で、性の多様性についてくわしく取り上げる学校が増えています。

たとえば、学外から当事者のゲストスピーカーを招いたり、NPO団体などが作成したDVDを使用したりと、さまざまな授業実践がおこなわれています。子どもたちが理解しやすいように工夫することで、印象に残る授業ができるでしょう。

一方で、こうした特別な時間を設けなくとも、ＬＧＢＴに関連する題材を通常の授業で取り上げることができます。

たとえば、理科や社会、国語や英語の授業で、ＬＧＢＴや性の多様性のあり方について、肯定的なメッセージを伝えることができます（１１８ページ参照）。普段の授業に少しだけ工夫を加えてみることからはじめましょう。自分なりの伝え方があるはずです。

日頃の会話のなかでも、性の多様性にひらかれたメッセージを子どもたちに伝えることは十分可能です。

異性との恋愛を経て結婚し、やがて子どもをもつことだけが、家族のあり方ではないということや、男性や女性にもいろいろな人がいて、その違いを受け入れることが大切だということを、普段から子どもたちに伝えます。子どもは、「あの先生になら、いざというとき相談できる」と安心するでしょう。

このように、ＬＧＢＴの子どもが安心できる学校環境をつくるためには、外部講師に「特別授業」を依頼するだけでなく、日常的なやり取りを通じて、子どもと教師の信頼関係を積み重ねていくことが大切です。

普段からＬＧＢＴについて肯定的な発言をしている教師が周囲にいれば、子どもたちがＬＧＢＴについて興味をもつきっかけにもなります。

コラム

性の多様性に関する題材を取り上げた授業

理科

生物の授業で、性染色体など、性分化について取り上げる際に、人間の性のあり方は「からだの性」だけに規定されず多様であることや、性の3要素について取り上げます。動物の性のあり方も多様であり、オス同士やメス同士のカップリングもあれば、群れや家族の構成もさまざまであること、性転換をする魚もいることなどを紹介すると、生徒たちの関心を惹くでしょう（46ページ参照）。

あるいは、生物多様性について取り上げる際に、人間の社会もまた多様さが豊かさにつながるといったメッセージを伝えることができます。

社会

現代社会や現代史の授業で、性別やジェンダーをめぐって社会がどう変わってきたのかを取り上げます。戦前は女性に参政権が認められなかったことや、男性の髪型が多様化したのはここ最近のこと（1960年代にはビートルズのような髪型でさえ「長髪」だった）など、性別や家族をめぐる「当たり前」「常識」が時代によって異なってきたことについて扱います。

また、公民権運動を扱う際に、黒人解放運動や女性、障害者の解放運動と交えてLGBTの運動についても取り上げます。たとえば、「婚姻の平等」をめぐって、現在、LGBTの人びとが闘っていることを取り上げることで、授業を深めることができます。

国語

国語の教科書では、「家族の形」や「思春期の若者の恋愛」をテーマとした作品がいくつか取り上げられていますが、伝統的な家族や異性愛が前提とされていることがほとんどです。しかし実際には、複雑な家庭環境で育つ子どもがいます。また、異性愛だけが恋愛の形ではありません。

「家族」や「愛」にもいろいろな形があることを教師がまず自覚し、子どもの発達段階や年齢に合わせてわかりやすく伝えられるようにします。

英語

英語では、海外のニュースとしてLGBTの話題を取り上げます。有名人のカミングアウトや、同性婚の話題など、子どもたちの関心を惹きそうな記事があれば紹介します。

40

家族へのカミングアウトをともに考える

当事者の声

先日、大好きな彼と別れました。学校で会っても無視されるし、毎日悲しくて、彼のことを考えると涙が出てきます。そんなぼくを見て、お母さんは心配して「何かあったら相談してね」と言ってくれるのですが、全部話しちゃっても大丈夫でしょうか……。

（Ｆさん／バイセクシュアル／高校生）

「家族にカミングアウトしたい」と、子どもから相談を受けることがあるかもしれません。「親だからうすうす気づいているのではないか」「きょうだいだからわかり合えるはず」などと楽観視することなく、家族からどのような反応が返ってくるのか、つぎのようなことを子どもと一緒に考える必要があります。

・「早く結婚するべきだ」「男らしく／女らしくするべきだ」「長男なんだから〜」など
と考える家族はいるか
・家族はＬＧＢＴについて正確な知識をもっているか
・ＬＧＢＴを扱ったテレビ番組や新聞記事などにどのような反応を示すか
・カミングアウトをした場合、家庭での居場所を失ったり、学費を払ってもらえなく
なったりするなど、困った状況が生まれる可能性がないか

家族がＬＧＢＴについての正確な知識をもっていない場合には、子どもがすべてを説明しなければならなくなる可能性があります。事実、家族にカミングアウトする子どもの多くは、性の多様性に関する書籍や情報を渡して説明を試みたり、家族向けのサポートグループを紹介したりしています。それでも、家族が性の多様性をきちんと理解し、家族関係が落ち着くまでに数年以上かかってしまうことが少なくありません。

しかし、家族が味方になってくれれば、これほど心強いことはありません。

さまざまな可能性を検討したうえで「それでも家族にカミングアウトしたい」と子どもが希望する場合には、できる限りの応援をしましょう。

41

家族からのカミングアウトはされる側も動揺する

当事者の声

娘から性同一性障害だと打ち明けられたとき「聞かなかったことにしよう」と決めました。考えるのが怖かったのです。子どもが別人になってしまった気がして「あの子はどこにいったの」と夢のなかで叫んだこともありました。渡された本も読むことができず、一方では、自分はなんて理解のない親だろうと思って……。でも、同じような家族と出会い、話していくうちに、どこの家族も最初からうまくできたわけではないとわかり、ほっとしました。

（Gさん／FTMの子をもつ母親）

家族へのカミングアウトは、本人だけでなく、カミングアウトされる側にも非常に大きなショックを与えます。

打ち明けられた親は異性愛者で、ＬＧＢＴについて正確な知識をもっていないことも十分に考えられます。「子どもは一体どうなってしまうのか」という不安でいっぱいになり、なんとかＬＧＢＴを「治療」できないものかと奔走したり、「そんな子どもに育てた覚えはない」と絶望してしまったりするかもしれません。また、子どもがＬＧＢＴであるのは自分の育て方が悪かったせいだと思い込んだり、カミングアウト自体を「なかったこと」にしてしまったりすることもあります。

ＬＧＢＴの当事者は、孤立しやすい存在です。しかし、家族もまた、ひょっとしたら当事者以上に孤立しやすく、そのことをだれにも話せずに抱え込んでしまう場合があります。混乱や葛藤、怒り、悲しみ、喪失感、不安……。これらの感情を、子どもも本人にぶつけてしまい、家族関係がドロ沼化してしまうケースもあります。

ＬＧＢＴの家族を対象とした自助グループや電話相談があります。自助グループでは、ほかの家族も同様に「混乱期」を体験したことや、どの家族も最初からうまくやれたわけではないことが、それぞれの体験をもとに語られています。こうしたグループや機関にアクセスすることで、悩んでいたのは自分だけではないことがわかり、安心できるでしょう（２０８ページ参照）。

最初のうちは、自分の体験を話すことがむずかしいようであれば、体験を聞きに行くだけでもよいでしょう。カミングアウトされたことにともなう喪失感や葛藤は当然であること、子どもにも事情があることなどを、時間をかけて整理していく有効な手がかりになります。

42

まずはプライバシーを守る

当事者の声

ＬＧＢＴのことを授業で取り上げた翌月に、生徒からカミングアウトされました。数人の友人はすでに知っていて、理解があるとのことです。ただ、本人は「家族にだけは言わないでほしい」と言っています。だいぶ悩みが深く、苦しんでいるように見えるのですが、それでも保護者には黙っているべきでしょうか。

（Ｈさん／高校教師）

子どもからカミングアウトされたときには、まずは本人のプライバシーを守ります。本人の話を、両親を含めた第三者に伝えたい場合には、本人と話し合ってからおこないます。

子どもは、あなたを信頼しているからこそ、カミングアウトしたのです。本人の同意なしに、だれかに性的指向や性自認のことを話してしまうことはアウティング（82ページ参照）に該当します。周囲がよかれと思ってやったことでも、本人を深く傷つけてしまうことがあるので注意が必要です。

「家族にだけは知られたくないが、学校生活のことを相談したかった」「担任の先生に自分のことを知ってもらえば、少しだけ安心できると思った」「理解がなく、ケンカばかりしてしまう家族のことを相談したかった」など、子どもが教師にカミングアウトしたいと考える理由はさまざまです。だれに話し、だれに話さないのかという本人の決定を尊重し、寄り添うことが重要です。

とはいえ、対応していくなかで、同僚や管理職の教師、あるいはほかの保護者や生徒に説明しなければならない場面が出てくるかもしれません。たとえば、「制服の着用について変更したい」という希望があった場合、学校や家族と相談したり、まわりの生徒に告知したりといった対応をする必要があるでしょう。どのように対応するのがいちばんよいか、子どもと一緒に考え、子どもの同意のうえで、カミングアウトの範囲を決めます。

電話相談など、匿名で相談できる機関の一部には、「本人ではない人」からの相談も受けつけているところがあります。学校での対応について教師が相談することも可能です。「こんな相談を受けたけれど、どうすればよいか」など、迷うことがあれば、そうした機関にアクセスしてください（138ページ参照）。

43
わからないことは本人と一緒に考える

当事者の声

担任の先生にカミングアウトしたとき「私はくわしくないけれど、あなたのことを聞いてもいい？」と言ってくれたのがうれしかった。そもそもＬＧＢＴについてくわしい大人はまだまだ少ないなかで、この先生は、わからないなりに自分と向きあってくれるんだと思えたから。（Ｉさん／Ｘジェンダー／高校生）

ＬＧＢＴとひと口に言っても、悩みや求めることはそれぞれ異なります。

ある生徒は、自分が同性に惹かれているかもしれないことに5年近く悩んでいて、「できることなら異性愛者になりたい」と思っています。そのような場合には、性的指向についての正確な情報を本人の自己受容のペースに合わせて提供することが、助けになるかもしれません。

たとえば、性的指向を本人の意思で変えることは困難（41ページ参照）であり、今後も同性を好きになる可能性が高いこと、しかし、同性が好きでも希望の仕事にも就けるし、幸せな恋愛もできること、決してひとりぼっちではなく、仲間を見つけることもできること、といった事実を提供することで、問題が解決していくことがあります。

一方で、「全校生徒にカミングアウトしても構わないので制服を変えてほしい」という子どももいます。この場合には情報を提供したり、教師がじっくりと話を聴いたりするというだけでは不十分で、目に見える形での対応が求められています。子どもによってニーズはまったく異なるので、まずは目の前にいる子どもが何を望んでいるのかをじっくりと聞くことが大切です。

ＬＧＢＴに関する書籍を読んだり、研修をおこなったりして、子どもが具体的にどのような悩みを抱えている可能性があるのか、イメージをもっておくことは有効です。たとえば、トランスジェンダーの子どもに接する際に、制服やトイレに困っているかもしれないことを（84、86ページ参照）前もって教員が知っておくことは、生徒にとって助けになるでしょう。

ただし最後は、やはり本人に聞いてみなければわかりません。人は一人ひとり違うし、望んでいる内容も異なるからです。思考錯誤することも、子どもと一緒に悩んでしまうこともあるかもしれません。しかし、そのプロセス自体に意味があります。ＬＧＢＴの自分と真摯に向き合ってくれる他者がいるのか否かは、本人の自己肯定感に大きく影響を及ぼします。わからないときは、思考錯誤して本人と一緒に考えることが大切です。

44

話し合いのプロセスを大切に

当事者の声

4月から高校生。まわりには黙って「フツーの男子」として登校したかったけれど、学校と話し合った結果、それはむずかしいということになった。でも、こちらの意見が通らなかったとしても、「きみはどうしたい？」とまず聞いてくれて、ていねいに話をしてくれたのがうれしかった。結局、登録上は女子で、制服は男子のものを着られることになった。トイレは、教員用の男子トイレ、またはユニバーサルトイレを使うことに決まった。少しでも、自分らしく青春を楽しみたい。

（Jさん／FTMトランスジェンダー／高校生）

学生服の着用やトイレ・更衣室の利用など、子どもの希望をすべて叶えることができない場合もあります。

たとえば、「登下校時には学生服をかならず着用するという校則があり、少なくとも年度内にその校則を変更することができない」、「希望する性別でのトイレ使用がどうしてもむずかしい」などの事情があるでしょう。だれもが自らの性自認や性的指向を自由に表明し、そのままで生きる権利をもっています。しかし、実際の運用上でどうしてもそれがむずかしく、当事者の子どもがつらい思いをすることもあるかもしれません。

そのような場合でも、誠実に話し合って「落としどころ」を一緒に探ることが大切です。たとえば、登下校時はむずかしくても、学内ならジャージ着用の許可を出せるかもしれません。プールの代わりに、レポート提出を課すこともできるかもしれません。

学校側にＬＧＢＴについての知識が不足している場合、子どもがカミングアウトしても「無理だから何もしない」「カミングアウト自体なかったことにしてしまう」ことがあります。しかし、やれることはあるはずです。少なくとも一緒に考えることはできます。

本人は、一生、ＬＧＢＴとして周囲の人びととの関係に気を使い、カミングアウトするか／しないか、自分の希望をどこまで話すか／話さないか、日々のストレスとどうつき合い、やりすごすかを模索せざるを得ません。つまり、周囲との対話能力を生涯問われるのです。学校生活で、周囲と対話する体験をもてたならば、そのプロセス自体が、「生きる力」を養うためのこれ以上ない「学びの場」になります。たとえ子どもの希望をすべて実現できなくても、学校側には子どもと誠実に向き合うことが求められています。

45

性別の扱いを事前に検討しておく

当事者の声

修学旅行のお風呂をどうしたらいいかって、1週間、そのことばかりずっと考えていた。カミングアウトしないと、ひとりで入らせてもらえないんだろうかって。意を決して、先生に「お風呂にみんなと入りたくない」と言いに行ったら、個別でも入れるシャワー室を教えてもらえた。カミングアウトする必要があるかなとドキドキしていたけど、とくに説明する必要もなかった。

（Kさん／FTMトランスジェンダー／中学生）

ほとんどの子どもたちにとって、カミングアウトは心理的に大変負担のかかる行為です。現時点では性別に関する相談を受けていなかったとしても、「性別違和のある生徒がいるかもしれない」など、あらかじめLGBTの存在を前提とした校内環境を整えておきます。

たとえば、学生服の規定や、トイレや更衣室の利用に関するルールなど、性別の扱いについて具体的にはどのような対応が考えられるのかを場面ごとに検討し、見直しておきます。「だれでもトイレの利用」や「入浴の個別対応」などは、希望者には原則許可するルールにしておけば、カミングアウトというハードルを越えなくても、子どもたちは安心することができます。

ただし、実際に相談があった際には、基本的には「本人と一緒に考える」「プロセスを大切にする」ことが重要です。対応策についても、「こういうのはどうかな?」「こうした場合、どんな反応が想定できるだろうか」とひとつずつ本人と話し合ったうえで、どうするかを決めていきます。

■事前に検討しておくべきこと

●学生服の着用

・希望する性別の制服で通学できるようにする
・体操服やジャージなどで過ごせるようにする
・登下校時のみ学生服を着用し、校内では体操服やジャージで過ごせるようにする

●トイレ・更衣室の使用

・「だれでもトイレ」を性別問わずに使えるようにする
・希望する性別のトイレや更衣室を使えるようにする
・希望する性別の教員用トイレを使えるようにする
・授業中などほかの生徒がいない時間帯にトイレにいけるようにする
・ほかの生徒の更衣後にひとりで更衣できるようにする

・保健室など、ほかの生徒と異なる場所で更衣できるようにする

●体育・プールの授業への参加

・規定の水着ではなく、本人が希望する水着の着用を認める
・上からTシャツを着られるようにする
・夏休みなどほかの生徒がいないときに個別指導する
・レポート提出などほかの課題を選択できるようにする

●健康診断

・身長・体重測定などは体操服を着たまま男女混合でおこなう
・内科検診などはパーテーションを設け、医師の前でのみ脱衣する
・ほかの生徒がいない時間帯や場所で個別におこなえるようにする

●宿泊行事の部屋割り・入浴

・事前に本人と話し合う時間を設ける
・希望する性別の部屋に割り振る
・個室に割り振る
・引率教員の客室にあるシャワールームなどの個室を使えるようにする
・ほかの生徒がいない時間帯に入浴できるようにする

●氏名

・希望する通称名を使えるようにする（私立の場合、通称名で学生証を発行する）
・戸籍名を使用せざるを得ない場面については、生徒に事前に連絡する
・卒業証書は戸籍名で印刷し、読みあげるときは通称名を使う

46

まわりの子どもたちにどこまで話すの？

当事者の声

高校の進路で悩んでいます。だれも自分のことを知らない高校に進学すれば、男子としてやっていけるかもしれないけど、近場の高校にいけば、自分がもともと女子だったことを知っている子がいるからむずかしい。もともと女子だってことを知られたうえで、男子の制服を着るっていうのはアリなのかな。

（Lさん／ＦＴＭトランスジェンダー／中学生）

学生服の着用について個別対応をしていく場合など、まわりの子どもたちにどのように説明したらよいかを考えなくてはいけない場面があります。本人や保護者とよく相談し、考えていく必要がありますが、基本的にはつぎのような対応が考えられます。

①周囲には性別違和のことを伝えず、本人が希望する性別で扱う

性別違和や戸籍上の性別について、基本的には周囲に知らせず、ＦＴＭであれば男子、ＭＴＦであれば女子として扱います。中学校や高校に入学するなどのタイミングで、前からの知り合いがだれもいない環境であれば、周囲から疑問をもたれる可能性は低くなります。戸籍上の性別や氏名にもとづいた対応が必要な局面については、事前に本人や保護者と話し合い、対応を検討します。もし、性別違和のことをどうしても伝える必要が生じた場合には、あらためて子どもと相談します。

②本人のカミングアウトをサポートする

カミングアウトをすることで、周囲が戸惑うことが一時的にあるかもしれません。周囲の理解を得るのに時間がかかるかもしれないことを伝えたうえで、本人が希望する場合には、カミングアウトをサポートします。

かならずしも「全校生徒」に一度にカミングアウトする必要はありません。その子どもにとってキーパーソンになる友人を選び、まずは理解をしてもらうよう働きかけておくことで、何かトラブルが発生した際にも、状況の深刻さを和らげることができます。さらに、必要があれば、クラスのなかで性の多様性や人権意識について話をすることができます。

ここでは性別違和のある生徒を想定しましたが、そのほかの子どもでカミングアウトしたいという場合にも、同様の対応が可能です。

47

学校全体で認識を一致させる

当事者の声

夏休み明けから学校にほとんど来ていない生徒がいます。休みのあいだは私服だったのに、学校がはじまって制服を着なくてはいけないことがつらいようです。保護者からはジャージで登校できないかと相談がありましたが、管理職の反応は「特別扱いするのもねぇ〜」のひと言だけ。どうしたらよいでしょうか。

（Mさん／中学校教師）

学校環境を見直したり、個別の生徒への対応を考えたりする際に、同僚や上司の反応が鈍いというケースがしばしばあります。担任はその子どもを本当に心配しているのに、同僚や上司からは「特別扱いではないか」「寝た子を起こすな」といったネガティブな反応が返ってきてしまうのです。

こうした反応の背景には、「ＬＧＢＴというのは特殊な人たちの問題だ」「学校が真剣に取り組むべきテーマではない」という知識不足や誤解があります。性の多様性は、人がその人らしく生きていくために必須な事柄であり、本来であればだれもが知っておくべきことです。しかし、実際には多くの人がLGBTについて、正しい情報に触れることのないまま大人になっているのです。教員養成課程においても、LGBTについて教わる機会はほとんどなく、多くの教師は、なぜ「このこと」が大切なのかを理解できずにいます。

内部研修や資料（書籍・DVDなど）の回覧などを通じて、LGBTの問題が人間の尊厳に深くかかわる問題であること、対応を間違えれば不登校や自殺に直結してしまうことなどを、学校全体で認識を一致させます。

2015年4月に文部科学省から出された通知「性同一性障害に係る児童生徒に対するきめ細かな対応の実施等について」（27文科初児生第3号）では、性同一性障害をはじめ性的マイノリティ（LGBT）の悩みや不安を受けとめ、学校において適切な対応ができるよう求めています。さらに、2016年4月には、同省から「性同一性障害や性的指向・性自認に係る、児童生徒に対するきめ細かな対応等の実施について（教職員向け）」という手引きも発行されました。LGBTの問題は学校全体で取り組むべき時代になっています。

48

保護者の理解を得られるように働きかける

当事者の声

学校で同性愛のことを勉強したと、子どもが話していました。たしかにテレビではオネエのタレントが活躍していますが、それをわざわざ学校で教える必要があるのでしょうか？　子どもたちには、何が「普通」なのかを教えることのほうが大切ではないでしょうか。子どもが混乱して、間違った方向へ進んでしまうのではないかと思うと心配です。

（Nさん／中学生保護者）

学校環境を整えたり、個別の生徒の相談に乗ったりするなかで、保護者とやりとりする機会も出てくることかと思います。学校でＬＧＢＴについて教えて、きちんと取り組むことに前向きな保護者もいれば、不安や戸惑いを覚える保護者もいるでしょう。

不安や混乱の背景には、保護者自身も、性の多様性についての正確な知識をもっていないという事情があります。なかには、ＬＧＢＴに関する情報を子どもに伝えることで、子どもの性的指向や性自認が変わってしまうのではないかと恐れている保護者もいます。

しかし、それらは本人の意思によって変更できるものではなく、ＬＧＢＴに関する知識を得ることでＬＧＢＴの子どもが増えるということはありません。むしろ、いまも昔も、社会には一定数のＬＧＢＴの人びとが存在していることや、多様な人びとが共に生きていくこの社会においては、お互いの違いを尊重するのが大切であることを子どもたちに伝えるために、ＬＧＢＴに関する正確な情報が必要なのだということを保護者に訴えることで、保護者の理解を得られるよう働きかけることができます。

また、性的指向や性同一性障害については、法務省が掲げている主要な人権課題のひとつであること、文部科学省からも児童・生徒対応に関する通知が出ていることなどを説明し、理解を得るよう努めます。

49

外部機関と連携しよう

当事者の声

生徒からゲイだと打ち明けられ、つき合っている人の写真を見せてもらいました。携帯のアプリで知り合った相手で、本名を知らず、ずいぶん年上の人のようです。心配なのですが、だれに相談したらよいかわかりません。本人は、家族やほかの先生には話してほしくないと言っています。（Oさん／中学校教師）

カミングアウトや相談を受けた際に、そのことを本人の許可なしにまわりの人に話してしまうこと（アウティング）は、避けなくてはなりません（82ページ参照）。「自分ひとりではどう対応すればよいのかわからない」というときには、匿名性がきちんと守られている外部の相談機関を積極的に活用することをおすすめします。

「こんな相談があったけれど、どう対応したらよいだろうか」「子どもはこんなことを言っているが、どんな対応をとればよいか」など、子ども本人でなく、まわりの人が電話で相談をすることもでき、問題を整理し、新たな視点を得るうえで、非常に役立つことがあります。専門の研修を受けたスタッフが相談に応じますので、情報が漏れ出すことは絶対にありません。細かなことでも安心して話すことができます。また、当事者の子どもが電話をかけた場合でも必要な配慮をしてくれます。大いに活用してみましょう。

本人や家族が相談機関にアクセスすることに不安を覚えている場合には、まわりの人が相談をして、その感想を伝えることもできます。たとえば、「ここの電話相談は、しっかりと話を聞いてくれるし、嫌になったら途中で切ってもいいみたいだから、ためしにかけてみてもよいかもしれない」「相談員をしている人はレズビアンの当事者らしいから、お互いに話が通じやすいかもしれない」というように、教師自身が得た情報を添えると、本人が電話相談をする際の抵抗感を減らすことができるでしょう。また、相談機関を通じて、ＬＧＢＴに関する基礎的な情報を得たり、その地域にどんな支援団体や自助団体があるのか、どんなイベントがおこなわれているのかなどを知ったりすることもできます。地域にＬＧＢＴの当事者や関係者が集う場所があるときには、一緒にいってみようと誘うのもよいでしょう。これらの団体のなかには、教師向けのワークショップをおこなっていることもあります。ぜひ、積極的に活用してください。相談機関の一覧は２０８ページにくわしく紹介しています。

50
子どもたちへのアドバイス

ＬＧＢＴの子どもたちから相談を受けた際に、どのような視点をもちながら寄り添えばよいのか、アドバイスの具体例を紹介します。

当事者の声

自分は男なのか女なのかってことを、朝から晩まで考えまくっていたら、気持ち悪くなって吐きそうです。

（Ｐさん／わからない／中学生）

「突きつめすぎないで」

「自分が何者なのか」という問いは、だれにとっても壮大なテーマです。人生哲学にもかかわってくるような内容です。突きつめすぎると疲れてしまうのも無理はありません。

自分が何をするのが好きで、どんな人といるときリラックスできるのか。どんな服装や髪型だと気分が明るくなれるのかを、いろいろと実際に試してみるとよいでしょう。失敗してもダメージの少ない範囲内でトライしてみることを通じて「自分が何者なのか」がわかってくるかもしれません。

当事者の声

小学生の頃から放送部で、いまも昼休みに校内放送のアナウンサーをしている。あんまり友だちは多くないほうだし、ゲイってこともまわりに話してないけど、まわりの人から「お前の話し方ってうまいよな」って言われると、学校には自分の居場所があるんだなって気がする。

（Qさん／ゲイ／中学生）

「好きにしていたものは大切に」

性自認や性的指向は、その人を構成する重要な要素ではありますが「一部」でしかありません。ＬＧＢＴであることは大きなことかもしれませんが、それとは関係のない「自分らしさ」をもっていることも重要です。日常のさまざまな困難に直面したとき、もともと好きだったものを大切にしていれば、自分を見失うことも少なくなるでしょう。音楽やスポーツ、絵を描くこと、鉄道の写真を撮ることなど、没頭できるものがあれば、ぜひそのことを大切にしてください。

当事者の
声

学校の友だちは冷たいし、おれのことあんまり理解してくれないから、最近はバイト先で出会った連中と遊んでいる。音楽の趣味が合うし、好きな女の子のタイプとかも平気で話せるから、一緒にいて楽しいんだ。

（Rさん／Xジェンダー／高校生）

「自分らしくいられる時間を増やそう」

「一緒にいて楽な人びと」をうまく見つけて、なるべく自分らしくいられる時間を増やしましょう。グループによって「ノリ」や「ルール」は違います。学校の友だちと遊ぶことが楽しくなければ、共通の趣味でつながれる学校外の友だちをつくるのもよいでしょう。

また、性別違和のある場合には、一気にすべてを変えようとするのではなく、「まずは、週末だけ希望する性別で過ごしてみる」「つぎは、親しい友人にニックネーム（希望する通称名）で呼んでもらう」など、自分らしくいられる時間を徐々に増やしていくのがコツです。洋服を探す際にも、どのお店ならば自分の体やセンスにフィットしたものが買えるのか、自分に似合うのかなど、だんだんわかってくると思います。

当事者の声

本当はレディースの服が着たいし、髪の毛も伸ばしたい。でも自分は、性同一性障害だって診断を受けているわけでもないし、専門家に聞いたわけでもない。この前、新しい美容院にいって、中性的な名前でカードをつくってみた。性別は女にマルをしてみた。ドキドキした。（Sさん／わからない／中学生）

『理由』はなくてもいいかもしれない」

自分の着たい服を着るために、だれかの許可は必要でしょうか。あるいは専門家による診断や、第三者による「理由」づけが必要でしょうか。結局のところ、自分が気持ちよく毎日を過ごせるような服装であることが重要です。

ホルモン療法や性別適合手術などの医療行為をともなう場合には、医師などの専門家による診断が必要です（31、180ページ参照）。しかし、好きな服装や髪型、遊びをすることには、本来、だれの許可をとる必要もありません。一緒にいたい人と時間を過ごし、好きな自分でいられる時間を増やしましょう。そこに「理由」はいりません。

当事者の
声

私は「友だちに女の子同士でつき合っている人がいるんだ～」って話題をふってみて、相手がどんな反応をするのか、ひそかに観察している。そこで否定的なことを言う人には絶対に自分のことを言わないし、「そうなんだ」って普通に返してくれる人には、カミングアウトしても大丈夫だなって考えてる。

（Tさん／バイセクシュアル／高校生）

「打ち明けても大丈夫そうな相手を見分けよう」

カミングアウトをした際に、どんな反応が返ってくるのかを、あらかじめ予測するための方法がいくつかあります。

ひとつの手段としては、ＬＧＢＴについての話題をふったり、ＬＧＢＴについてのマンガや本を貸したりするなかで、相手の反応をよく観察する方法があります。肯定的なのか否定的なのか、正確な知識をどこまでもっているのかを観察し、「大丈夫」だと思ったらカミングアウトしてみるのもよいでしょう。

そのほかには、

●**その相手がそもそも「口が堅い」のか、おしゃべりなのか（おしゃべりだと、不本意な形で言いふらされてしまうかもしれません）**

●信頼できる相手かどうか

●知ってもらうことで、どれくらい楽になれるのか

を考慮して、カミングアウトの作戦を練ることができるでしょう。

「じつは……」といきなり打ち明けるのは、とても勇気がいります。事前に相手の反応を探り、カミングアウトのハードルをできるだけ下げてみましょう。

当事者の声

この前、アヤコに自分がゲイだって話してみた！　そしたらアヤコは「これからも変わらず友だちだよ」って言ってくれて、すごくほっとしたんだ。けれど、その後のようすがどうもヘン。「女の子になりたいんだよね？」なんて聞かれたけど、それって、どういうこと？　性同一性障害と同性愛の区別がついてないってこと？

（Uさん／ゲイ／高校生）

「カミングアウトした後も、気長に話そう」

ＬＧＢＴについての正確な情報が普及していない環境では、「自分はゲイなんだ」「トランスジェンダーなんだ」とカミングアウトをしても、その意味するところが相手に十分には伝わらないことがあり

ます。

相手が「性同一性障害と同性愛の違い」についてよく知らない場合には、会話がちぐはぐになるかもしれません。相手が「同性愛は一時的なもの」と誤解している場合には、そうではないことを伝える必要が出てくるでしょう。場合によっては、かなり根気強くコミュニケーションを取らなくてはいけないかもしれません。きちんと相手に理解をしてもらうこと、あるいは対話ができるようになることを目指すならば、カミングアウトは1回では終わらないのです。

性の多様性について相手に知ってもらうために、関連する書籍やマンガを貸してみたり、一緒にDVDを鑑賞したりするのもよいでしょう。LGBT当事者や、その友人が気軽に足を運べるLGBTのセンターやイベントに参加してみるのもよいかもしれません。お互いの気持ちや状況を理解できるようになるまで、気長にコミュニケーションしましょう。

当事者の声

学校では「恋愛に興味がない体育会系の女子」を演じているけど、本当の自分をさらけ出せる友だちがほしい。当事者の人と話してみたい。どこにいったらそういう人と会えるのかな？　県内に1軒だけゲイバーがあるらしいけど、行くの勇気いるし、私子どもだし。友だちも恋人もほしいです!!

（Vさん／レズビアン／高校生）

「LGBTの友だちをつくろう」

全国各地に、LGBTの当事者（そうかもしれないと思っている人を含む）やその友人、家族が安心して集える場を提供している団体が存在します。

昼間に公共施設を借りて運営している団体もあれば、キャンプやバーベキュー、ピクニックなどをおこなっている団体もあります。最近は、中高生が参加できるイベントも多くおこなわれるようになってきました。最初に連絡を取るときには、勇気がいるかもしれませんが、ぜひアクセスしてみてください。

団体ごとに特色や個性があります。のんびりした人が多い団体もあれば、ワイワイ盛りあがるのが好きな団体もあります。自分の肌に合い、ほっとできる仲間が見つかるまで、いくつかの団体に顔を出してみるのもよいでしょう。２０８ページに、全国のおもな団体の一覧を掲載しましたので参考にしてください。

第4章

大人へのインタビュー
LGBTの子どもと向き合う

性の多様性についての子どもからの疑問や質問に、大人たちはどのように答えたらよいでしょうか。あるいは、もし自分の子どもからLGBTであることを打ち明けられたとき、親はどう受け止めたらよいでしょうか。

この章では、LGBTの子どもをもつ親として、あるいは性教育の専門家として性の多様性というテーマに向き合ってきた2人にインタビューします。

息子からゲイであることを打ち明けられた青山直子さん

(NPO法人「LGBTの家族と友人をつなぐ会」理事)

《プロフィール》

自分の子どもからのカミングアウトによって「性の多様性」のあり方を知る。正しい知識を社会に伝える必要性を感じ、2006年、LGBTの子どもをもつ親同士で「LGBTの家族と友人をつなぐ会」を発足させる。以来、LGBTへの偏見や差別をなくすための活動を続けている。

息子さんからゲイだとカミングアウトされたときのことを教えてください

はじまりは、小さな「なぞなぞ」みたいな会話でした。当時高校生だった息子が「ボクって、彼女の話せぇへんやろ。なんでやと思う?」と言うので「モテないんでしょう」と冗談交じりで返したんです。すると今度は「ボクって、女の子にあんまり興味がないねん。なんでやと思う?」って。

私は、また冗談めかして「もしかして男に興味があるとか?」って返しました。そしたら「そうそう。自分はゲイなんだ」って息子が言いました。思春期だから一時的にそういうこともあるのかな、くらいに受けとめたんですが、どうやらそれも違うらしい。「偏見があると思うから、これを読んでほしい」と10枚くらいのプリントアウトした資料を渡されました。話すかどうかを迷いながら何日かもっていたのか、資料はヨレヨレでした。

そのときの気持ちはどうでしたか?

とにかく息子を応援したいと思いました。でも、どうすればよいかわからない。「いつ頃わかったの?」と聞くと、「小6くらいにはそう感じてた。最初は認めたくなくて、女の子を好きになろうと努力したこともあった。だけど中学のときに、自分は男の子が好きだということがはっきりとわかった」と。続けて、「家庭をもてない自分は、ひとり寂しく生きて、ひとりで死んでいくんだと思ったら、すごくつらかった。自殺が頭をよぎったこともあった」と息子が言ったんです。それを聞いたときがいちばんつらかったですね。よくひとりでここまでがんばって生きてきてくれたと、ありがたく思いました。

よく覚えているのが、その3日後ぐらいに、テレビで当時子どもたちに人気だったアニメを見たときのことです。毛むくじゃらで、ものすごい筋肉で口紅を塗った「悪の大魔王」が、「あいつオカマだぞ」と笑いものにされていました。息子が小さい頃には、家族でよく見ていた番組だったので、とっさに息子はこのようなシーンを見ていなかっただろうかと心配しました。息子は小学生の頃に気づいていたと言っていたけれど、自分が「悪の大魔王」のように描かれる存在なんだとわかった子どもは、どれほど傷つくだろうか。これはなんとかしなければと思いました。

とくに混乱はされなかったのでしょうか？

カミングアウトされた親御さんの反応はいろいろですが、私はむしろ納得しました。性の多様性って、要するに個性なんじゃないの？　と思ったんです。私自身も、「女の子は女の子らしく」と言われるのが好きではありませんでした。女も男もいろいろいる。男っぽい女も、女っぽい女もいて、息子みたいにやさしい男の子もいる。本をたくさん取り寄せて読みました。知らないことがいっぱいあったことに気がついたのと同時に、こんなに大切なことを、どうして私は教わらなかったんだろうと疑問をもちましたね。

ある本のなかで、海外には「ＬＧＢＴの子どもをもつ親の会」があることを知り、日本にもあればと思い、あちこちに聞いてみました。人権協会や、教育委員会、知り合いの市会議員にも話してみました。でも、息子みたいな子どもが普通にいることを、だれひとり知らない。友人には「ゲイの人は、好きでそういう生き方を選んで、水商売をしているとばかり思っていた。ごく普通に社会のなかに存在しているなんて知らなかった」と言われました。だれも何も知らないなんて、こんな愚かなことはないと思いました。

「ＬＧＢＴの家族と友人をつなぐ会」を立ち上げた経緯を教えてください

親の会を探しても見つからず「だったらご自身で立ち上げてはどうですか？」なんて言われて途方にくれていたときに、ちょうど大阪府議会議員（当時）だった尾辻かな子さんの『カミングアウト　自分らしさを見つける旅』（講談社、２００５年）という本を見つけました。すぐに会いに行きました。

その後、尾辻さんのお母さんや、やはり子どもからカミングアウトを受けたという親御さんたちを紹介してもらい、はじめて同じ立場の方と集まることができました。やはり、私もすごく孤独だったので、ほかのみなさんと思いを共有できたときには、すごくうれしかったですね。それが「ＬＧＢＴの家族と友人をつなぐ会」のはじまりでした。そこから活動をはじめて、もう10年になります。

「つなぐ会」はどのような活動をされていますか？

ＬＧＢＴの子どもをもつ親御さん、家族の方、当事者の方、友人の方、どなたでも参加できる会です。現在、神戸、東京、福岡でミーティングを開催しています。また一日も早く社会に正しい知識をもってほしいので、講演会や啓発活動などもしています。

社会に働きかけているのも、結局は、やはり子どものためだと思います。たとえ親がＬＧＢＴであることを受け入れたとしても、子どもは社会のなかで生きていくのですから、そこが変わらないといけない。自分の子どもが社会の偏見にさらされ、差別されることほど、親にとってつらいことはありません。子どもが生きやすい社会になってほしいというのが、親の願いですよ。

一方で、ミーティングには、さまざまな気持ちの方がいらっしゃいます。「自分はどうして子どものことをもっと理解してやれないんだろう」と自己嫌悪に陥ってしまう親御さんもいます。動揺し、涙を流される方もたくさんおられます。でも、自分を責めないでほしいですし、そうしたつらい時期も一緒に乗り越えられるような会にしたいと思っています。

親御さんの受けとめ方はどう変化していくのでしょうか？

最初は動揺されている方も、ひとりぼっちではありませんし、同じような立場の親御さん、仲間がたくさんいます。いまは涙を浮かべている方でも、「子どもが話してくれて本当によかった」とおっしゃる日がいつか来ると思います。

ミーティング中、あるお母さんが「どうして息子は自分にカミングアウトなんてしたんだろう。黙っていてくれたらよかったのにと思った」とおっしゃったことがあります。でも同じ場には「親にカミングアウトしようか、ずっと苦しんでいる」というレズビアンの子もいました。その子が悩んで親に言えないさまを見て、「息子が自分に話してくれるまでどれほど悩んだか、なぜカミングアウトする必要があったのかがいまわかった」とおっしゃいました。

親が生きてきた数十年間のうちに知ったことがすべて真実とは限りませんよね。子どもから教わることがあってもいいと思います。世界ではＬＧＢＴの人たちが当たり前に生きている国が増えています。自分たちでは経験できなかった感じ方や価値観を、子どもを通して学ぶ機会かもしれません。

さいごに、メッセージをお願いします

「つなぐ会」にもいろいろな意見があるので、これは私個人のメッセージですが、カミングアウトをしてくれた子どものことを誇りに思ってほしいです。大人は子どもに「正直に生きろ」「強くなれ」「誠実に生きろ」と教えてきたはずです。そして、その通りの子どもになったわけだから、自分ひとりで乗り越えてきたわけだから、隠さず正直に自分に話してくれたわけだから。そうやって、ありのままの人間関係を結びたいと子どものほうから来てくれたわけだから……。子どもからの最高のプレゼントだと私は思っています。だからぜひそのメッセージを受け取ってあげてほしいですね。

そして、学校でも、性の多様性についてぜひ教えてください。当事者の子どもに問題があるのではなく、まわりの子どもたちが無意識に当事者を傷つけてしまいかねないことが問題です。社会の側が何も知らないことで、当事者が傷つけられているのです。親の知らない情報を子どもたちに伝えることも、学校の先生の大切な仕事です。人がそれぞれ違ってよいことを、ぜひ胸を張って伝えてください。

子どもたちの性へのギモンに答え続けてきた徳永桂子さん

（思春期保健相談士）

《プロフィール》

個人でおこなう性教育活動のほか、CAPにしのみや、HIVと人権・情報センター、女性と子ども支援センターウィメンズネット・こうべなどに所属し、人権擁護活動にも取り組んでいる。

おもな著書に、『からだノート〜中学生の相談箱』（単著、大月書店）、『家族で語る性教育〜私たちの出前講座』（共著、かもがわブックレット）などがある。

徳永さんの普段の活動について教えてください

普段は保育所・幼稚園〜大学まで、さまざまな年齢の子どもに性や体の話をしています。小学校6年生〜高校生の子どもに講演をする場合は、先生には、あらかじめ性教育の授業をしておいていただきます。そして、授業の最後、子どもたちに性や体についての疑問や知りたいことを紙に書かせ、それを送付していただきます。そうして当日は、寄せられた疑問にひとつずつ答える形で講演会をすすめていきます。

子どもたちは、性や体について聞きたいこと、知りたいこと、考えていることがたくさんあります。でも、そうしたことは、なかなかオープンには質問できません。そこで、「なんでも質問していいですよ。質問のない人は『質問はありません』などと書いてくださいね。筆跡でわかってしまうので、先生たちは絶対読みません。プライバシーに配慮して答えます」と約束すると、さまざまな本音が集まります。

質問には、基本的にはすべて答えるようにしています。すると子どもたちは、自分が知りたいことを知ることができるというだけでなく、友だちも同じことで悩んでいたんだと安心したり、こんなことで悩んでいる人がいるんだなどと友だちへの理解が広がったりして、最後まで集中して参加することができます。参観した保護者や先生方も、うちの子たちはこんな悩みを抱えていたんだと気づき、子どもたちへの理解を深めることができます。

子どもたちからは、どんな質問が来るんでしょうか?

「どうしたら背が高くなりますか?」という体の基本的なことから、友人関係・いじめ、思春期の心と体の変化、恋愛まで本当にいろいろです。雑誌やマンガのなかの誤った情報を本当だと思い込んだり、まわりからのプレッシャーで、交際や性行為を焦ってしまったりする子どもたちがいます。

また、性の多様性について、自分はどうなのかな？　と思っている子どもからの質問も多いです。たとえば「同性愛の恋が中学で叶うことはありますか？」とか「ニューハーフにはどうしたらなれますか？」などがあります。なかには、性の多様性について、先生よりくわしく知っている子どももいます。しかし、とくに中学生くらいだと、インターネットなどから得た誤った情報を鵜呑みにして、ひとりで悩んでいる子どもも多いです。

性の多様性に関する質問に答えるとき、どのような工夫をしていますか？

短い質問の背景にどんな悩みがあるんだろう、この子は何を知りたいんだろう、とずっと考えます。たとえば、「ニューハーフにはどうしたらなれますか？」という質問に対しては、まず、ニューハーフになる方法を答えた後、「もしかして、この質問をくれた人は、テレビを観て『自分の将来の職業はニューハーフしかない』って思い込んでしまったのかな？　実際には、いろんな職業に就いている人がいます」と、膨らませて答えたりします。

子どもになることはできないけれど、子どもの立場に立って考え、誠実に向き合いたいと思っています。子どもたちはそんな私の姿勢を見て、放課後に私がやっている臨時相談室にいってみよう、もっと話してみようと思えるんだそうです。

多様性が受容される社会ならば、すべての人が生きやすい社会であるはずです。ＬＧＢＴといった「分類」だけが前に出てしまうと、なんだか「こっちは少数派の人」「あっちは多数派の人」と強調するだけになるような気がします。しかし、そもそも、人は一人ひとり違うし、違いを認め合っていくことが差別や偏見、暴力のない社会をつくることにつながっていくのです。多様性について話し合うことは、すべての子どもにかかわってくる話題なんです。

どのようなきっかけで、性の多様性について考えはじめたのでしょうか？

最初のきっかけは、大学のときですね。当時、私は理学部で勉強していたのですが、そこで一緒になった友人がバイセクシュアルでした。その人は「男性も女性も好きになるんだ」と話をしてくれました。

私はそれを聞いて、まったく変わったことだとは思わなかったんですよ。たとえば「リンゴとみかん、どっちが好きか」と聞かれたときに、「リンゴもみかんも好き」という人もいるじゃないですか。男性も女性も好きだというのは、それくらい自然のことだって、すんなり思いました。でも、私のまわりにいた別の友人たちにとっては、そうではなかったようです。そのバイセクシュアルの人とどうつき合っていいのかわからず、距離を置く人たちも出てきて……。私は「いろんな人がいて自然」だと感じるのに、ほかの人にとってはそうじゃないんだ、ということを知りました。

理科を学んで本当によかったと思うのは、自然界がいかに多様性に満ちているのかを知ったことです。多様であることこそが、生き物にとって生き延びる条件であり、生きる力につながっているんです。だから、人間だって同じことが言えると思っています。

「性の多様性について取り組みたい」と思っている先生方にメッセージをお願いします

一人ひとりの違いが大切にされる取り組みは、すべての子どもが過ごしやすい学校づくりにつながっていくということを、先生方で共有しながら進めていただければと思います。

まずは、関連する本やマンガを図書室だけではなく、保健室や教室にも置く、啓発ポスターを廊下に掲示する、相談先リストを年度はじめに配る、など環境設定をしていくのも効果的です。外部講師、とくに当事者の方を招いて授業をおこなうのもよいと思います。ただ、その際は、講師の方にすべてをお任せするのではなく、担任の先生にも、ぜひ一緒に授業に取り組んでいただきたいと思います。

私が多くの子どもに接していて感じるのは、子どもたちは、もっともタブー視されている性について真摯に向き合って語ってくれる先生は、性以外の悩みについても打ち明けやすい先生だと思っているということです。先生が授業を直接受けもつことは、子どもにとって相談しやすい関係を築くことにつながると思います。

そして、性の多様性について講演や授業をおこなう際は、ぜひ、保護者も参観できるようにしてください。保護者も学べますし、何より、親も同じ授業を受けることで子どもたちが安心し、相談しやすくなります。もしかしたら、わが子ではなく、その友人から相談を受けるかもしれません。このように、性の多様性について、大人と子どもが一体となって取り組んでいくことが、地域に理解者を増やしていくことにもつながります。

ＬＧＢＴに限らず、人は一人ひとり違うのが当たり前だということを広めていけたらよいと思います。

第5章

もっと知りたい方へ

51
日本にＬＧＢＴに関係する法律はありますか？

日本には、「性同一性障害者の性別の取扱いの特例に関する法律」（いわゆる「特例法」）があります。「特例法」とは、一定の要件をクリアした者が戸籍上の性別を変更できるとする法律です。２００３年に成立し、２００８年に一部改正されました。

この法律ができるまで、トランスジェンダーや性同一性障害の人びとは、希望する性別で生活を送っていても、戸籍上の性別を変更することはできませんでした。医療行為などにより外見上の性別が大きく変化したとしても、戸籍の性別は元のままですから、性別欄がある書類を提出する際には、奇異のまなざしで見られかねません。「性別欄に男（女）と書かれています。失礼ですが、何かの間違いでしょうか？」などとたずねられ、望まないカミングアウトを強いられるということもありました。就職活動の際や住居を探すとき、病院へ行くとき、海外へ渡航するときなど、身分証の掲示が求められるあらゆる場面で困難が生じていました。

戸籍上の性別を知られたくないために、正社員への登用をあきらめたり、体調がよほど悪くない限りは病院にも行けなかったりしたため、これはなんとかしなければ、と制定されたのが「特例法」です。

■戸籍の性別を変更するための要件

要件① 二十歳以上であること。

要件② 現に婚姻をしていないこと。

要件③ 現に未成年の子がいないこと。

要件④ 生殖腺がないこと又は生殖腺の機能を永続的に欠く状態にあること。

要件⑤ その身体について他の性別に係る身体の性器に係る部分に近似する外観を備えていること。

この法律によって、２人の医師から性同一性障害であるとの診断が下されている人のうち、上記の要件をすべてクリアした場合に、戸籍上の性別が変更できるようになりました。

その結果、トランスジェンダーや性同一性障害の人は、「現在は出生時とは別の性別で生きている」ということを、本人が希望する相手に、希望するタイミングで伝えられるようになりました。自分の望む性別で、安心して就職の面接を受け、病院を診断し、家を借りることもできるようになったのです。

しかし、「特例法」の要件には性別適合手術が含まれるなど、すべてをクリアするには非常にハードルが高いため、依然として戸籍の性別を変えることができず、不自由な状況におかれている人びともいます（１６６ページ参照）。

52 特例法ができて、希望する人はみんな戸籍上の性別を変更できるようになったのですか？

「特例法」ができたことで、これまで生活上の困難を強いられてきた人びとの一部は、たしかにその困難が解消されました。その一方で、「特例法」の要件は厳しすぎるとの意見も出ています。

●二十歳以上であること（要件①）

どんなに強い性別異和を抱えていたとしても、二十歳未満であれば性別変更をすることができません。

●現に婚姻をしていないこと（要件②）

現在、婚姻している人は、離婚しないと性別変更ができません。これは、婚姻した人が性別を変更すると、国内では認められていない同性婚の状態となるためです。トランスジェンダーの性的指向はさまざまで、MTFレズビアンやFTMゲイの人もいます（32ページ参照）。パートナーと円満な関係を築いていたとしても、戸籍の性別変更をしたければ離婚を選択せざるをえません。

●現に未成年の子がいないこと（要件③）

子どもがいる場合、親の性別変更は子どもの福祉に反するのではないか（子どもがかわいそう）という議論があり設けられたのが、いわゆる「子なし要件」です。法の制定時には「現に子がいないこと」

という要件でしたが、改正時に「現に未成年の子がいないこと」に緩和されています。

しかし「子どもがかわいそう」かどうかは、他人が一概に決めつけられることではありませんし、親が心理的・社会的に安定することが、子どもの安定につながることも大いに考えられます。

●生殖腺がないこと又は生殖腺の機能を永続的に欠く状態にあること（要件④）／その身体について他の性別に係る身体の性器に係る部分に近似する外観を備えていること（要件⑤）

性別を変更するためには、性別適合手術（183ページ参照）を受けていることが必須要件となっています。FTMトランスジェンダーが戸籍を変更するためには、身体的な負担の大きい外性器形成こそ不要とされているものの、子宮・卵巣の摘出手術をしなければなりません。MTFトランスジェンダーの場合には、精巣摘出と陰茎切除などが求められます。

性別適合手術は、金銭的にも身体的にも大変な負担を強います。また、子孫を残す可能性を永久に手放すという意味で断種政策のようだ、という指摘があります。さらには、戸籍上の性別を変えないと生活上の困難が解消されない当事者が、身体的な違和感を解消するためではなく、法律の要件を満たすためだけに手術を選ばざるをえない状況へと追い込まれています。法律の要件によって、健康上のリスクを背負わされてしまうのです。

近年では、アルゼンチンやイギリスなど、手術要件なしでも法律上の性別を変更できる国が増えています。また、2014年5月には世界保健機関（WHO）が、トランスジェンダーに断種手術を強制してはならないという勧告を出しました。日本でも活発な議論が望まれます。

53
同性カップルの権利を守る法律はありますか?

海外では、同性婚を認める法律や、パートナーシップ法(財産や相続、医療など権利の一部を保障するものから、結婚と同等の権利を認めるものまで、国によって定義が異なる)などを整備する国が増えています。しかし、現在の日本には、まだそうした法律はありません。

2015年には東京の渋谷区や世田谷区で、同性カップルを対象としたパートナーシップ証明書が発行されました。これは、同性カップルの関係を公的に示す書類としては画期的であるものの、法的根拠はないので、実際に同性カップルの生活上の不利益を直接解決するための効力はありません。

現在の日本においては、依然として、同性のパートナーは法的には「他人」として扱われ、その結果、さまざまな不利益が生じているのが現状です。財産の相続権や税制上の優遇といった経済的な権利だけでなく、医療現場においても、治療方針についての説明を家族として受ける権利や、パートナーが意識不明に陥った際に面会する権利などが、異性カップルとは同様に与えられないことがあります。

こうした不利益を最悪の事態にあてはめると「同性のパートナーが突然倒れ、病院へと運ばれた。なんの病状なのか医師にたずねても教えてくれず、親族しか面会できないと言われた。そのため死に目に

■同性のパートナーが受ける不利益

・財産の相続権がない
・パートナーとの共同名義で家や車を購入できない
・パートナーの手術への同意や、医師から病状を説明してもらう権利、面会権などが保障されにくい
・税制上の優遇を受けられない
・家族向けの公営住宅に入居できない*
・勤務先の福利厚生を使えない
・企業の「家族向けサービス」を使えない*

＊同性カップルやルームシェアをしている友人同士の入居を認める自治体もあります。
＊携帯電話の「家族割」などでは、住民票の住所が同じであれば家族とみなす企業もあります。また、同性カップルも「家族向けサービス」を受けられるように制度改正を進める企業も少しずつ出てきています。

も会えなかった。パートナーの家族からは、ふたりの交際について反対されていたため、お葬式では、遠くの友人席から見ていることしかできなかった。パートナー名義の家で長く同居していたが、その家はパートナーの妹夫婦が相続することになったため、立ち退くしかなかった」という悲劇も起こり得るのです。家族として暮らしているにもかかわらず、法的に何の権利も守られていない同性カップルは、不安を抱えながら生活しています。異性カップル同様に、安心して暮らせるよう法整備が望まれます。

54 同性カップルが法律上の不利益を回避する手段はありますか？

当事者の側でもさまざまな制度を使い、万が一のときに備えようという動きがあります。代表的な例としてつぎのようなものがあげられます。

●**養子縁組制度**：親子やきょうだいとして縁組をすることで法律上の家族になろうとするもの。

●**任意後見制度**：将来、もし自分の判断能力が不十分になったときに、だれに自分の契約などを委任するのかをあらかじめ決めておく制度。

●**公正証書（公的な契約書）**：共同生活をするうえでの取り決めや、医師からの説明を受けたり治療への同意を与えたりする権限などについて、パートナー間でつくる公的な契約書。ただし、第三者（医療機関など）がそれを遵守しなくてはいけない義務はない。

●**遺言状の作成**：一方が死亡した際に、だれに遺体を管理し葬儀をおこなってほしいのかや、相続などについて事前に示しておく。

●**自治体が発行するパートナーシップ証明書**：ふたりが交際関係にあることを記した公的な書類。法的な効力はもたない。

しかし、これらの手段はいずれも万全ではありません。養子縁組制度は、そもそも同性カップルを想定してつくられた制度ではありませんので、パートナーの親族から「この縁組は相続目的でおこなわれたものなので無効だ」と訴えられてしまうことも考えられます。任意後見制度は、医療上の同意権を保障するものではないというのが専門家での通説ですし、公正証書があっても手術に同意できなかった例もあります。

ふたりの関係について、お互いの親族から理解が得られている場合には、相続や医療上の権利などで一部保障されることもありますが、親族とのあいだでなんらかのトラブルが発生したり、関係者の同意が瞬時に得られない場合には、同性カップルの権利はすぐに危ういものとなってしまいます。憲法第24条には、「婚姻は、両性の合意のみに基いて成立」することがうたわれています。これは、「性別にかかわらず」ふたりの合意があれば、それだけで家族としての権利が保障されることを意味します。* しかし、同性カップルの場合には、「まわりの人の理解」や「お互いの親族との関係」によってその権利が左右されてしまっているのが現状です。同性カップルの生活を保障する抜本的な法整備が早急に必要です。

＊憲法第24条の解釈をめぐって、「両性の合意のみ」の「両性」を男女と解釈し、憲法は同性同士の婚姻を認めていないとする主張がある。しかし、24条はもともと、親による婚姻の強制や男性の女性支配を排し、婚姻の自由、男女平等の理念を実現するためにつくられた条文であり、同性婚の禁止を定めたものではないといえる。このことは、24条2項の「個人の尊厳」、13条の「幸福追求権」、14条1項の「性別に基づく差別の禁止」などによっても支持されている。

55 もしものときの緊急連絡カードがあると聞きましたが？

大阪を拠点として活動しているQWRC（Queer and Women's Resource Center）という団体が、「緊急連絡先カード」という名刺サイズのカードを作成・配布しています。同性のパートナーは法的には他人であるため、突然の事故や病気、災害などに遭遇した場合、「緊急時にはこの人に連絡をとってほしい」とあらかじめ意思表示をしておかないと、前述したような悲劇も起こりかねないからです。

このカードには、緊急時に連絡をとってほしい人の氏名と連絡先を2名分まで記入することができます。2名分の枠があるため、パートナーだけでなく親しい友人などを含めることもできます。

病院での面会権や、病状説明を受ける権利は、慣例上「法律上の家族」に限定されることがありますが、法律で定められているわけではありません。

医療現場において、もっとも重視されるべきは「患者本人の意思」です。たとえ、法律上の家族であったとしても、本人が希望しない場合には、病院側は、面会や病状説明を拒むことがあります。反対に、本人が希望していれば、法的には「他人」である人を面会させたり、その人物に病状を説明したりすることもあります。

緊急連絡先カード（裏）

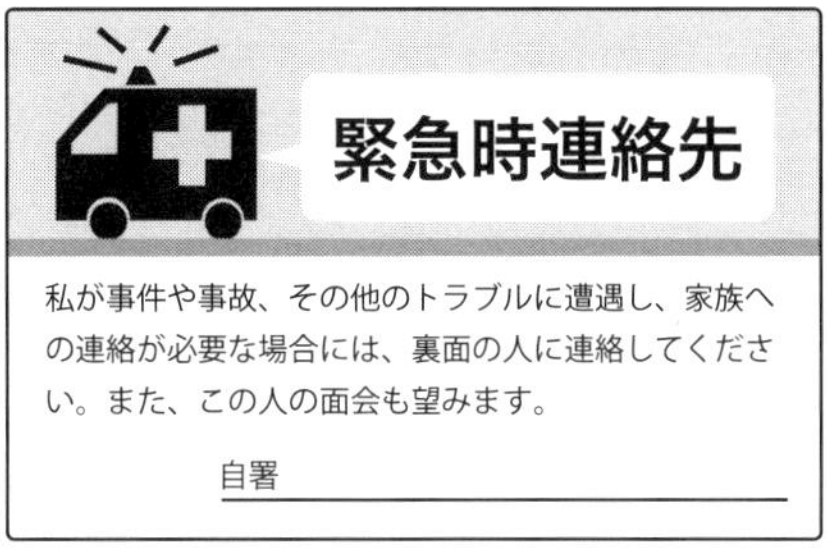

緊急連絡先カード（表）

厚生労働省の「医療・介護関係事業者における個人情報の適切な取扱いのためのガイドライン」では「本人から申出がある場合には、治療の実施等に支障の生じない範囲において、現実に患者（利用者）の世話をしている親族及びこれに準ずる者を説明を行う対象に加えたり、家族の特定の人を限定するなどの取扱いとすることができる」としています。治療を受ける人の意思がはっきり確認される場合、それは尊重されるべきなのです。

だからこそ、事前に意思表示しておくことが重要です。意識不明になってからでは、意思は確認できません。

このカードは、ＬＧＢＴの場合はもちろん、ＬＧＢＴでなくとも「法的な家族ではないけれど、この人には知らせてほしい」という人がいる場合には、だれでも使えます。入手についてはＱＷＲＣ（２１５ページ参照）までお問い合わせください。

56 同性婚が法的に認められている国もあると聞きましたが？

近年、ニュースで海外の同性婚の話題が取り上げられる機会が増えました。

諸外国におけるLGBTの扱いは、その国における宗教や文化、歴史的経緯などによって大きく異なります。ここでは同性愛が世界でどのように扱われているかを見てみましょう。

217ページの地図は、世界における同性愛者のおかれた法的状況をあらわす世界地図です。国際的なLGBT団体であるILGA（国際LGBTI連盟）が毎年作成し、公開しているものです。

2015年時点では、世界各国の法的状況は以下の通りです。

- **同性婚やパートナーシップ法が存在する国：34カ国と65地域**
- **同性愛を犯罪とみなし、禁固刑を課す国：75カ国と5地域**
- **同性愛を犯罪とみなし、死刑を課す国：6カ国と数地域**
- **とくに法制度が存在しない国：上記以外**

同性カップルの権利が保障されている国が30カ国を超える一方、これほど多くの国で同性愛が犯罪とみなされていることに驚かされます。

●同性婚やパートナーシップ法が存在する国

同性カップルの存在を法的に認めている国は、欧米諸国に多くみられます。世界ではじめて同性婚が認められたのはオランダ（２００１年）です。その後、ベルギーやノルウェー、スペインなどの欧米諸国が続き、近年ではブラジルやアルゼンチンなど欧米圏ではない国でも同性婚が成立しています。アジアでも、台湾やベトナムで同性婚の議論が活発におこなわれています。パートナーシップ法は、より多くの国で整備されています。２０１５年には、アメリカ全土で同性婚が合法化されました。

同性婚やパートナーシップ法が存在する国は、ＬＧＢＴに寛容な社会ではないかと考えがちですが、一概にそうとは言えません。法整備の進んでいるアメリカや欧州でも、ＬＧＢＴをターゲットとした暴行事件や殺人事件などの憎悪犯罪（ヘイトクライム）が発生しています。

●同性愛を犯罪とみなす国

同性愛を犯罪とみなして刑罰の対象としている国は、アフリカや中東諸国に多く見られます。多くの場合、宗教的、歴史的背景があります。ただし、法律がどれくらい機能しているのかは、国によって大きく異なります。実際に処刑がおこなわれている国もあれば、法律は事実上無効となっている国もあります。

アフリカの場合には、植民地時代に欧米諸国がもち込んだ価値観が深く影響しています。当時の欧米諸国には、男性同士の性交渉を違法とする「ソドミー法*」が存在し、この法律を植民地であるアフリカ諸国にも押しつけていました。現在はＬＧＢＴの人権について積極的に取り組んでいる国ぐにも、元は同性愛を犯罪とみなしていたのです。その法律が現在も残り、アフリカの人びとの同性愛に対する考え方に影響しています。

中東諸国の場合には、イスラム法の解釈によって同性間の性交渉を厳しく禁じる国があります。死刑を最高刑とするイランでは、実際に同性愛者の処刑が数多くおこなわれており、国際的な非難を集めています。イスラム法が一概に反同性愛的であるわけではなく、教義の解釈をめぐって激しい議論が交わされています。

同性間の性交渉を禁じる国ぐにが多いなかで、近年表れてきたのが「同性愛者であることをカミングアウトすること」や「ＬＧＢＴへの支援を表明すること」自体を法律で禁じる国です。

２０１３年、ロシアで成立した同性愛プロパガンダ禁止法では、未成年者に対して「同性愛が異性愛と対等である」などの表現を広める行為が処罰の対象とされました。このことにより、公共の場所でＬＧＢＴについて話題にすることが一切できなくなりました。この法律をめぐっては国際的な批判が集中し、２０１４年冬に開催されたソチオリンピックでは、オバマ大統領をはじめ欧米諸国の首脳が開会式をボイコットする状況となりました（安倍首相は参加）。

また、２０１４年、ウガンダで成立した反同性愛法では、だれかが同性愛者であると判明した場合、すぐに警察に通報しなければならないとされています。それが自分の子どもや親友、同僚であったとしても、通報せずに黙っていた場合には、そのこと自体が処罰の対象となってしまうのです。その後、同法は手続き上の問題等により無効となりましたが、NPOへの弾圧など厳しい状況が続いています。

●とくに法制度が存在しない国

同性愛に関して、法制度がとくに存在しない国もあります。アジアに比較的多く、日本もその1つです。同性愛を違法とする国ぐにに比べれば、まだましと思われるかもしれません。

しかし、法律が存在しないということが、LGBTへの暴力を押し隠している側面があります。なかにはLGBTへの迫害や暴力が日常的に発生している国もあります。また、「わが国ではLGBTの人権問題は存在しない」などとうそぶき、深刻な人権侵害の実態を認めようとしない国も少なからず含まれます。

＊「ソドミー法」とは、旧約聖書に出てくるソドムという街の名前に由来する法律。同性間の性交渉のほか、オーラルセックスなどを含む性行為を禁じるものもあります。ソドムの街は、人びとの退廃によって神の怒りを買い、滅ぼされたとされています。その退廃とは、具体的には同性愛や〝自然〟に反する性行為を指すと解釈されてきたために、この街の名称が象徴的に使われています。
キリスト教圏では「ソドミー法」は一般的にみられ、植民地支配などを通じて、アジア・アフリカの国ぐににもち込まれました。日本国内では明治初期には「鶏姦法」として一時期存在していました。

57 ＬＧＢＴの問題について国連ではどのような取り組みがされていますか？

世界のＬＧＢＴ当事者が大変困難な状況に置かれていることを憂慮して、国連では近年、ＬＧＢＴの人権についての積極的な議論がなされています。

２００８年には、「性的指向・性自認による人権侵害を非難する国連総会声明」が出され、日本を含む66カ国が賛同しました。国連総会でＬＧＢＴの人権問題が議論されたのははじめてでした。２０１２年には、国連人権委員会において潘基文《パンギムン》国連事務総長がＬＧＢＴへの差別や暴力をなくすように呼びかけるスピーチをはじめておこないました。２０１３年、国連はメッセージビデオ「なぞなぞ」*を公開しました。さまざまな国でＬＧＢＴの人びとが恥辱や暴力にさらされ、家や学校、職場を追い出されている現状の改善を訴えています。

ＬＧＢＴをめぐる世界の状況は、決して楽観視できるものではありませんが、ＬＧＢＴの人権課題が国連で重要なテーマとして議論されるようになったことは、力強い変化だといえます。

＊「なぞなぞ：同性愛嫌悪に対する国連からのメッセージ」https://www.youtube.com/watch?v=y3OvH0SEznM

■国連人権委員会における潘基文国連事務総長のスピーチ全文（2012年）

性的指向や性自認の話は、おおっぴらに話すことではないと言う人がいます。私にもよくわかります。私たちの世代の多くは、このようなテーマを議論するようには育ってきませんでしたから。

しかし私は、語るようになりました。なぜなら、性的指向や性自認の話とは、命にかかわる話だからです。そして、国連憲章と世界人権宣言の下で、世界中のすべての人びとの権利を守ることが、私たちの責務だからです。

私たちは、LGBTの人びとが直面しているあらゆる暴力や差別を知っています。職場や学校、病院にも偏見が広まっています。性暴力を含むおぞましい暴力が振るわれ、人びとは収監され、拷問され、ときには殺されてしまうのです。

LGBTのみなさん、ひとつ私に言わせてください。

あなたはひとりぼっちではありません。暴力や差別を終わらせようとするあなたの闘いは、私たちの闘いです。今日、私はあなたとともにいます。すべての国ぐに、すべての人びとに向けて、あなたとともに立つよう呼びかけ続けるつもりです。

歴史的な転換は、もう目の前にきています。私たちは暴力に立ち向かい、合意にもとづく同性間の関係を犯罪とみなすのをやめ、差別を禁止し、人びとを教育していかなければいけません。

私は、この委員会や、良心あるすべての人びとに期待しています。

そのときが来たのです。

58 トランスジェンダーが受けられる医療行為にはどのようなものがありますか？

現在、日本では2人の精神科医から性同一性障害という診断をもらった場合に、ホルモン療法や性別適合手術などの医療行為が選択できるという方針（「性同一性障害に関する治療と診断のガイドライン」）が定められています。

このガイドラインによれば、医療行為には①精神療法、②ホルモン療法、③外科的療法の3つがあります。

①精神療法

性別を変える方法のひとつに、外見上の性別を変えるホルモン療法や性別適合手術などの身体的な医療行為があります。これらは身体にもたらされる変化が不可逆的であること、健康への負担が大きいことなどから、だれもが気軽におこなえるわけではありません。

そこで、これらの身体的な「治療」に進む前に、精神科医2名から性同一性障害の診断を受けます。性同一性障害を診療する精神科をジェンダークリニックと呼びます。専門的な知識や経験を有する病院がまだまだ少ないため、通院を希望する際には、どの病院がよいか事前にリサーチする必要があります。

ジェンダークリニックでは、生育歴を話したり、かんたんな心理試験をおこなったりします。面接時間は病院によってまちまちです。周囲の人びとにどのように説明するのか、反対している家族がいる場合どうするか、などの相談にまで親身にのってくれる病院もあれば、あっさりしている病院もあります。

診断にあたっては、除外診断（ほかの疾患との鑑別）がおこなわれます。その人の性自認が男性なのか女性なのかは、本人の自己申告によってしかわかりません。そのため、その人が「性同一性障害に自分は該当する」と言えば、基本的はその通りなのですが、なかには統合失調症における妄想や、解離性人格障害で複数人格がいる場合、発達障害などで、性別についての認識が混乱していることがあります。そのため、これらの疾患との鑑別が必要になります。

②ホルモン療法

ジェンダークリニックを受診し、２名の精神科医から性同一性障害の診断を受けると、ホルモン療法や性別適合手術などの外見の性別を変えるための身体的な医療行為を選択することができるようになります。

２０１４年現在のガイドラインによると、外見の性別を変えるための治療ができるのは15歳以上で、未成年者の場合には保護者の同意があることなどの一定の要件をクリアしている場合に、本人の希望にもとづいておこなうことができます。

ホルモン療法とは、生物学的性とは異なる性別のホルモンを投与する治療のことです。ＦＴＭには男性ホルモン、ＭＴＦには女性ホルモンを定期的に投与します。変化は不可逆的であり、投与をはじめた

■ホルモン治療による効果

●ＦＴＭにおけるホルモン療法

・生理が止まる
・声変わりが起きる
・陰核が肥大する
・筋肉量が増える
・ヒゲや体毛が濃くなる
・性欲が強くなる
・乳腺組織の萎縮

《副作用の可能性》

・ニキビが増える
・頭髪が抜ける・薄くなる
・多血症や高脂血症などのリスクが高まる

●ＭＴＦにおけるホルモン療法

・精巣の委縮、精子の産生低下（不妊）
・乳房、乳首の発達（個人差が大きい）
・脂肪がつき、体つきが丸くなる
・皮膚がなめらかになる
・体毛が薄くなる
・性欲の減退、勃起しなくなる

《副作用の可能性》

・血栓症、高トリグリセリド血症、高血圧などのリスクが高まる

世界トランスジェンダーヘルス専門家会議（WPATH）による「トランスセクシュアル・トランスジェンダー・ジェンダーに非調和な人々のためのケア基準（第７版）」（2012年）

ら一生続けることが前提です（更年期以降は不要とする議論もあります）。ホルモン療法の効果には個人差がありますが、基本的にはうえのような変化が体に現れます。

ほかにも、男性ホルモンの副作用として集中力の低下や、女性ホルモンの副作用として頭痛やめまい、気分障害（落ち込み）が生じることがあるようです。このように、ホルモン療法はその効果の一方で、健康上のリスクをともなうため、実施にあたっては定期的に血液検査を受け、健康状態を確かめることが重要です。

③外科的療法

外科的療法には、ＦＴＭの場合には乳房切除術、ＦＴＭとＭＴＦの双方に性別適合手術があります。このほか、脱毛や豊胸術によって心理的に安定する当事者もいます。

乳房切除術では、発達した乳腺組織を取り除き、男性的な胸へと見た目を変えることができます。性別適合手術では、ＦＴＭの場合には子宮卵巣摘出術、陰茎形成術、ＭＴＦの場合には精巣摘出術、陰茎切除術、造膣術などの方法があります。いずれも、外性器の形状を変えたり、内性器を摘出したりする手術です。性別適合手術をおこなうと、生殖能力は永久に失われてしまいます。

また、ホルモン療法や外科的療法は、現在の日本では保険が適用されません。そのため外科的療法をおこなうためには、何十万、何百万といった手術費が必要で、多くの当事者にとって経済的負担となっています。

現在、戸籍の性別を変更するためには性別適合手術を受けることが必須となっています。本来はこうした手術を受ける必要性を感じていないにもかかわらず、戸籍の性別を変更するためだけに身体的、経済的リスクを負わざるを得ない当事者がいます。早急な法改正が望まれます（１６６ページ参照）。

59 二次性徴を止めるホルモン療法があると聞きましたが？

性同一性障害の治療のガイドラインでは、ホルモン療法を受けられるのは15歳以上のみです。その年齢まではホルモン療法を受けることはできませんし、仮に15歳以上であっても、専門病院自体が少ないなど、治療を受けるためのハードルは高い現状があります。たいていの場合、当事者の子どもたちは変化していく自分の身体をどうすることもできず、焦りと苦悩の日々を送ることになります。

そこで、近年、身体違和の負担を軽減させるために、「二次性徴抑制ホルモン」の使用が一部ではじまっています。二次性徴抑制ホルモンは思春期早期の子どもに用いることができ、乳房の発達や月経の到来、または変声や骨格の男性化を一時的に止めることができます。薬の使用を中断すれば、通常どおり二次性徴がおとずれ、身体への影響も残りません。

二次性徴抑制ホルモンの使用には、身体違和の苦悩を軽減させつつ、子どもたちに性別についてじっくり考える時間を与えられるというメリットがあります。

60 性別を変えて生きていくには、病院で治療をするしかないのでしょうか？

医療行為によって体を変えるだけが、性別を変える方法ではありません。社会的に、また日常の人間関係のなかで、自分が希望する性別で扱われるように働きかけることで、望んでいる生活が手に入ることもあります。

①名前を変える

戸籍上の氏名は、家庭裁判所に申し立てをして許可された場合に変更することができます。昨今では性同一性障害の診断書があれば、スムーズに許可される例が増えてきています。あるいは「新しい名前」を通称名として使用したり、ニックネームやハンドルネームとして周囲から呼んでもらったりすることで、名前に対する違和感や不便さを軽減させることができます。

②髪形や服装を変える

現在の髪形や服装を変更したい場合は、少しずつ新しい外見を試してみましょう。学校や職場などの日常生活で実践することがむずかしければ、週末だけ、自宅にいるときだけ、趣味のサークルに出かけるときだけ、など、まずは場面を限定して試してみるのもよいでしょう。

③希望する性別で扱ってもらう

希望する性別で扱われたいことを周囲に説明します。トイレやロッカー、呼ばれたい三人称などの希望を話してみましょう。自分のことを理解し、味方になってくれる人を探しましょう。

性同一性障害のガイドラインは「外見上の性別を変えるため」の方針ではあっても、当事者が幸せに生きるための方針ではありません。性同一性障害の専門家と呼ばれる人びとはたしかに存在しますが、幸せに生きるためには、自分が自分の専門家になることが大切です。

ほかの当事者がどのように生活しているのか、情報交換をするのもひとつの方法でしょう。自分がひとりぼっちではないことを確認できる仲間たちとの出会いほど、心強いものはありません。

医療行為が必要であれば選択し、社会的な部分で変えたいことを試してみることで、よりその人らしい生き方を実現することができます。

61

そもそも性同一性障害は病気なのですか？

「性同一性障害」という疾患名がここまで有名なのは世界のなかでも日本ぐらいです。日本では「病気だから仕方ない」という説明のほうが、人権問題として語るよりも世間からの理解を得やすかったために、性同一性障害という言葉がこれだけ広まったのでしょう。

多くの国では、当事者たちは「自分たちは病気ではない。社会が自分たちを病気にさせているのだ」と主張し、性同一性障害という疾患名よりもトランスジェンダーという言葉を好んで使います（30ページ参照）。著者も、自身を言い表すのにはトランスジェンダーという言葉のほうがしっくりきます。

現在、国際的には、トランスジェンダーを精神疾患として扱うことへの異議が唱えられています。ホルモン療法や性別適合手術などの医療行為への道は残しつつも、どのような性別で生きたいかは、性の多様性に関する問題として捉えようという流れになっているのです。

かつては、同性愛も精神疾患のひとつだとみなされていましたが、その考え方はあらためられました（41ページ参照）。近い将来、性同一性障害についても、国際的な精神疾患のリストから外される日が来るかもしれません。

62 LGBTについて小学生にどのように教えればよいでしょうか？

性自認について

●5～8歳の子どもに伝えたいメッセージ

・自分が着たい服や、したい髪型は一人ひとり違います。
・やりたい遊びや、性格の違いをお互い大切にしましょう。
・男らしくない、女らしくないからといってだれかをからかうことは、その人を尊重せず傷つけることです。

●9～12歳の子どもに伝えたいメッセージ

・「からだの性」とは、ある人の性器や遺伝子の形状が、生物学的にオスかメスかということを表す言葉です。
・「こころの性」とは、ある人が自分自身を男性だと思うか、女性だと思うか、その両方の混ざり合ったものだと思うかといった内的な感覚のことです。
・「こころの性」「からだの性」は、その人が何者なのかを表す大切な要素です。

・ほとんどの人は、からだの性（生物学的な性）とこころの性（性自認）とが一致しています。
・からだの性（生物学的な性）とこころの性（性自認）とが異なっている人もいます。
・「からだの性」に沿った男らしさや女らしさを押しつけられるのは、だれにとってもきゅうくつです。

性的指向について

●5～8歳の子どもに伝えたいメッセージ

・人間は、違う性別の人を好きになることもあれば、同じ性別の人を好きになることもあります。
・ある人びとは異性愛で、異なる性別の人に惹かれ、恋愛感情を抱きます。
・ある人びとは同性愛で、同じ性別の人に惹かれ、恋愛感情を抱きます。
・同性愛の男性をゲイ、同性愛の女性をレズビアンと呼びます。
・どんな性別の人を好きでも、だれもが人間として尊重される必要があります。
・「ホモ」「オカマ」という言葉でだれかをからかうことは、その人を尊重せず傷つけます。

●9～12歳の子どもに伝えたいメッセージ

・性的指向とは、ある人が同性・異性のどちらを好きになるのかを表す言葉です。
・同性にも異性にも惹かれる人がいます。バイセクシュアルといいます。
・性的指向はいろいろでも、それほど大きな違いはありません。

・性的指向は、私たちを構成している一部分です。

・性的指向がどのように決まるかは、はっきりわかっていません。

・自分がゲイ・レズビアン・バイセクシュアルであることを、ほかの人に話すのをためらう人がいます。まわりの人から誤解されたり、バカにされたりすることを恐れるからです。

・ゲイ・レズビアン・バイセクシュアルの人びとも、異性愛の人びとと同じように、幸せな関係をつくることができます。

＊項目62・63・64とも、アメリカ性情報・性教育評議会（ＳＩＥＣＵＳ）の「子どもたちの発達段階に応じた性教育のガイドライン」を参考に、日本国内の状況を加味して作成した。

63 LGBTについて中学生にどのように教えればよいでしょうか？

性自認について

・からだの性（生物学的な性）とこころの性（性自認）とが異なっている人のことをトランスジェンダーや性同一性障害といいます。
・こころの性（性自認）がどのように決まるかはわかっていません。
・こころの性（性自認）は、性的指向や、見かけ上の男らしさ・女らしさとは違います。
・こころの性（性自認）は変化することもあります。
・トランスジェンダーのなかには、ホルモン治療や手術をおこない、体をこころの性（性自認）に合わせようとする人びとがいます。
・トランスジェンダーは、国や文化、民族、階級、宗教に関係なく存在します。
・世界には、トランスジェンダーに昔から特別な役割をもたせている文化もあります。
・トランスジェンダーであることを打ち明けてひどい目に遭わないようにするため、そのことを黙っている人びともいます。

・トランスジェンダーについて話したいときには、知識をもった信頼できる大人や、若者向けの電話相談機関やサポート団体に連絡をとることができます。
・インターネット上には性自認に関する膨大な情報がありますが、不正確なものもあります。
・インターネット上のサイトのいくつかは、トランスジェンダーの人びとのための居場所や仲間づくりを応援しています。
・もし、あなたやあなたの知り合いが、性自認に関することでからかいやいじめ、脅迫や暴力、ハラスメントを受けたときは、信頼できる大人や学校の責任者に相談しましょう。

性的指向について

・同性を好きになる人たちは、国や文化、民族、階級、宗教に関係なく存在します。
・性的指向は、選べるものではありません。
・自分自身の性的指向を理解するまでに、長い時間がかかることもあります。
・性的指向がどのように決定されるのかはよくわかっていません。
・性的指向は心理療法や薬物療法、本人の意思によって変えることはできないということが、多くの研究によって結論づけられています。
・ゲイ、レズビアン、バイセクシュアルの人が、ほかの人に自分の性的指向について話すことをカミングアウトといいます。

・カミングアウトすることには、しばしば困難がともないます。ネガティブな反応を恐れたり、実際にそのような反応に直面したりするためです。
・カミングアウトされたら、そのことを本人の同意なく、ほかの人に言いふらさないようにしましょう。
・自分の性的指向について疑問のある10代の人は、知識をもった信頼できる大人に相談しましょう。
・性的指向について話したいときには、若者向けの電話相談機関やサポート団体に連絡をとることができます。
・インターネット上のサイトのいくつかは、同性や両性が好きな人びとのための居場所や仲間づくりを応援しています。
・一方で、インターネット上の情報は間違っていることもあります。
・チャットや、ネットで知り合った人と実際に会うのは楽しいかもしれませんが、安全でないこともあります。注意しましょう。

64 LGBTについて高校生にどのように教えればよいでしょうか？

性自認について

・すべての人は、自分の「こころの性」を表現する権利があります。
・「こころの性」について、社会の認識や理解が深まれば、トランスジェンダーの人びとが、もっと生きやすくなるでしょう。

性的指向について

・性的指向は、だれにどのように惹かれるか、どのような性的な空想を抱くか、どんなセックスをおこなうかなど、複数の要素から構成されます。
・同性間でのセックスでも、コンドームを使うなどの性感染症予防が必要です。
・自分自身の性的指向に対する捉え方やあり方は、一生を通じて変わることがあります。
・もし、あなたやあなたの知り合いが性的指向に関することで、からかいやいじめ、脅迫や暴力、ハラスメントを受けたときは、信頼できる大人や学校の責任者、法律家に相談することが大切です。

資　料

あなたの「LGBTフレンドリー度」チェックリスト解説

☑（1）子どもとはよく雑談をする。
☑（2）人間いろいろだと思っている。
☑（3）LGBTという言葉の意味をおおむね知っている。

これはLGBTの問題に限らず、生徒が抱えているさまざまな悩みや問題に対する、教員の普遍的な対応力をはかるための目安です。

子どもたちは何か困りごとがあったときに、普段あまり会話を交わしていない教員を突然呼び出して「先生、じつは……」と話しはじめるわけではありません。多くは、雑談のなかで自分の困りごとの「核心」には触れない形でサインを出しながら、だれが信頼できる大人なのか、どこまで話をしていいのかを探っています。雑談が得意な教員は、生徒からの相談もキャッチしやすくなるでしょう。

人間いろいろだ、ということを理解している教員は、自分とは異なる価値観に対してもオープンでいられます。「普通はこうするものだ」「男らしく、女らしくしなさい」という台詞よりも、目の前にいる子どもの話をきちんと聴くことの大切さを十分理解しているはずです。

LGBTという言葉の意味を（完璧ではないにせよ）知っている教員は、常にアンテナを張っていて、社会の新しい課題をキャッチする力をもっています。LGBTは、いまも昔も一定数社会に存在していました。ですから、それ自体は決して「新しい社会現象」ではないのですが、それでも現在の日本では、私たちが積極的に知ろうとしない限り、LGBTについての知識を得る機会はごく限られています。新しい情報をキャッチし続けることで、子どもを取り巻く状況を、より深く理解できるでしょう。

☑（4）「ホモ」「オネエ」「そっち系」などの言葉で笑いをとっていない。
☑（5）「大人になったら結婚するものだ」という前提で話をしていない。
☑（6）「男（女）なんだから◯◯だ」という押しつけをしていない。

チェックはすべて入りましたか？　ドキッとした方もいらっしゃるかもしれません。子どもたちは教員の言動を非常によく観察しています。

「ホモ」「オネエ」「そっち系」など同性愛やオネエをネタにした冗談（ホモネタ）を口にする教員などいるのか？　と思われたかもしれませんが、残念ながら少なからず存在します。ホモネタを見聞きしたときに、「とっさのひとこと」が言える側になりましょう（114ページ参照）。

☑（7）同性愛と性同一性障害の違いを説明できる。
☑（8）LGBTだとカミングアウトしている有名人を5人以上あげられる。
☑（9）LGBTの知人・友人がいる。
☑（10）LGBTの子どもにカミングアウトされたことがある。

LGBTに特化した内容を盛り込みました。チェックはいくつ入りましたか？

同性愛と性同一性障害の違い（18ページ参照）や、カミングアウトしている有名人（76ページ参照）などは、知識としてすぐに習得・理解することができます。一方で、LGBTの友人や知人がいるかどうか、生徒から打ち明けられたかどうかは、みなさんのまわりの人間関係についての質問です。ほとんどの方は身近にLGBTの当事者がいるはずです。しかし、そのことが見えにくいのが現状です。「百聞は一見に如かず」というように、ひとつのカミングアウトを通して学べることはたくさんあります。当事者からカミングアウトをされるには、コツとタイミングの両方が必要ですが、ぜひカミングアウトされる教員を目指してほしいのです。

学校の「LGBTフレンドリー度」チェックリスト解説

☑（1）廊下や校内の掲示板などに、LGBTに関するポスターを貼り出している。
☑（2）図書館や保健室に、LGBTに関する書籍を数点以上蔵書している。
☑（3）授業中にLGBTについて取り上げる機会がある。

LGBTに関するポスターを校内に掲示したり、書籍を蔵書したり、授業で取り上げたりすることで、「この学校はLGBTについて話しても大丈夫な場所です」というメッセージを子どもたちに伝えることができます。

LGBTの子どもや、そうかもしれないと思っている子どもは、いまはカミングアウトできていなくても「いざとなれば話せるかもしれない」「この学校には応援してくれる人がいる」と安心します。

また、学校内のすべての人に、性の多様性やＬＧＢＴについての正確な情報を伝えるきっかけを提供することにもなります。

☑（4）教師同士でＬＧＢＴについて話すことができる。
☑（5）ＬＧＢＴに関する研修会に教師が参加している。
☑（6）ＬＧＢＴであることをカミングアウトされたらきちんと向き合える。

ＬＧＢＴについて教師間でどのようなコミュニケーションを取っているのかは、子どもたちに何を伝えるかと同じくらいに重要です。教師間で「ホモネタ」や「らしさの押しつけ」がおこなわれていては、性の多様性について真面目に授業で取り上げることはできません。面白おかしいネタではなく、当たり前の存在としてＬＧＢＴを話題にできるかどうか、正確な知識を得られる仕組みになっているかどうか、振り返りましょう。

ＤＶＤや資料などの貸し出しをおこなったり、研修の機会を設けたりすることもできます。

☑（7）ＬＧＢＴであることをカミングアウトしている生徒や教師がいる。

ＬＧＢＴ当事者は、どの学校にもかならず存在しています。子どもはもちろん、教師のなかにも当事者がいるかもしれません。学校に「カミングアウトしている当事者が1人もいない」のであれば、ＬＧＢＴについての肯定的なメッセージが不十分な可能性があります。

カミングアウトをしたいのか、したくないのかは人それぞれの事情や考え方によります。しかし、「カミングアウトできる環境」と「できない環境」があるのも事実です。もし学校が安全な場所だと感じられないのであれば、リスクをおかしてカミングアウトする当事者はほとんどいません。肯定的に捉えてくれるかもしれないと当事者が感じられる状況があってはじめて「カミングアウトできる」環境が生まれます。

当事者の姿が見えるかどうかは、その学校がどの程度ＬＧＢＴにとって安心できる環境なのかを示すバロメーターなのです。

研修や授業に使える資料

書籍

ＬＧＢＴに関しては、良書が多数出版されています。大きな書店の社会学や女性学のコーナーには、面白そうな本がたくさん並んでいます。ここでは、ＬＧＢＴについて読みやすい入門書を紹介します。

カミングアウト・レターズ

砂川秀樹・ＲＹＯＪＩ編著
（太郎次郎社エディタス、2007年）

レズビアンやゲイの子とその親、生徒と教師の往復書簡を集めたアンソロジー。本当は言いたかったこと、言えなかったこと、受け入れられたこと、受け入れられなかったこと……。家族や身近な人への告白を通じた葛藤と受容が描かれ、読む人の胸を打ちます。涙なしには読めない箇所もあり、電車のなかで読むのには注意が必要です。

いろいろな性、いろいろな生きかた

渡辺大輔著
（ポプラ社、2016年）

多様な性について知ってもらう小学生向け書籍の決定版。全３巻。ゲイだとカミングアウトしている先生や、お母さんが二人いる家族など、いろいろな人たちが自らの性や生き方について語っています。写真やイラスト、漫画も楽しめます。

LGBT BOOK

ＮＨＫ「ハートをつなごう」製作班
宮田興、今村裕治監修
（太田出版、2010年）

ＥＴＶ（ＮＨＫ教育テレビ）の番組「ハートをつなごう」を書籍化したもの。当事者や家族のエピソードが豊富で、写真も多いことからＬＧＢＴの初学者や子どもでも親しみやすい一冊です。リリー・フランキーさんや石田衣良さんからも文章が寄せられています。

LGBTってなんだろう？　からだの性・こころの性・好きになる性

薬師実芳ほか著（合同出版、2014年）

ＬＧＢＴについて知るための入門書。イラストやＬＧＢＴ当事者の体験談も豊富に掲載されています。若い世代の当事者が何を感じ、どのような毎日を送っているのかを考えるうえで参考になります。

境界を生きる　性と生のはざまで

毎日新聞「境界を生きる」取材班著
（毎日新聞社、2013年）

性別のあり方に悩みや戸惑いを抱えながら生きている人びとを描いたルポルタージュ。性分化疾患（インターセックス）の当事者や、性別違和を抱える人びとの実像がよく伝わってきます。

ダブルハッピネス

杉山文野著（講談社、2006年）

性同一性障害である著者がどのような子ども時代を経て、自分らしく生きられるようになったのかを軽妙な語り口で描いた自伝的エッセイ。

トランスがわかりません！
ゆらぎのセクシュアリティ考

ROS編著（アットワークス、2007年）

何人ものトランスジェンダーによる手記・エッセイ集。トランスジェンダーとひと口に言っても、生き方は人それぞれです。性の多様性や不思議さを、読者が自分のこととして捉えやすい本です。

プロブレムQ&A　同性愛って何？
わかりあうことから共に生きるために

伊藤 悟、大江 千束ほか著
（緑風出版、2003年）

◆◆◆

プロブレムQ&A 性同一性障害って何？
一人一人の性のありようを大切にするために

野宮 亜紀、針間 克己ほか著
（緑風出版、2011年）

同性愛、性同一性障害について、Q＆A形式で初学者にもわかりやすく、かつ、かなりくわしい内容まで網羅した解説書。

思春期サバイバル
10代の時って考えることが多くなる気がするわけ

ここから探検隊著（はるか書房、2013年）

思春期って大変。自分のこと、友だちのこと、好きな人のこと、将来のこと、親のこと……。気になることがたくさんあって、まさにサバイバル。ＬＧＢＴのテーマも盛り込みつつ、10代の若者のリアルに寄り添って、困りごとや考えごとをひとつひとつ考えた、中高生を応援する本。

タンタンタンゴはパパふたり

ジャスティン・リチャードソンほか作
（ポット出版、2008年）

ペンギンのロイとシロは、いつも仲よしのオス同士のカップル。卵の代わりに石を温めるふたりのようすを見た飼育員が、放棄された卵をふたりの巣に置いてみたら……？　ニューヨーク、セントラルパーク動物園で起きた本当のお話をもとにした絵本。

ボクの彼氏はどこにいる

石川大我著（講談社、2002年）

ゲイであることを自覚した少年時代からの体験談を記した、当事者の心の機微がよくわかるエッセイ的自伝。

きのう何食べた？

よしながふみ著
（モーニングＫＣ、2007年〜）

イケメン弁護士とちょっと抜けてる美容師。40代ゲイカップルの日常を描いた「週刊モーニング」で連載中の人気マンガ。毎日のごはん（シンプルながらとってもおいしそう！）をつくり、一緒に食べるだけのマンガと思いきや、織り込まれるエピソードにふと考えさせられます。ＬＧＢＴにくわしくなくても楽しめる作品。

じぶんをいきるためのるーる。

ippo作・絵
（解放出版社、2015年）

小さな子どもに向けた、「自分を生きるための６つのルール」を描いたかわいらしい絵本。性自認や性的指向について、もっともかんたんに子どもたちに伝えることができます。

ハニー&ハニー　女の子どうしのラブ・カップル

竹内佐千子著
（KADOKAWAメディアファクトリー、2013年）

レズビアンである作者の実体験をもとに書かれたコミック・エッセイ。女の子同士のカップルの日常や、当事者仲間の生き生きとしたようすがゆるく描かれ、リラックスしながら読み進めることができます。

放浪息子

志村貴子著
（BEAMS COMIX、2012年~）

「女の子になりたい男の子」と「男の子になりたい女の子」の、ふたりの主人公の小学校時代から高校卒業までを描いたマンガ。自分の性のあり方に揺らぐ思春期の少年少女たちや、クラスメイトや家族の側の戸惑いが織り交ぜられ、子どもたちの心情を想像するうえでも有効です。

学校・病院で必ず役立つ LGBTサポートブック

はたちさこ、藤井ひろみ、桂木祥子編著
（保育社、2016年）

学校や病院で働くスタッフに向けて、ＬＧＢＴについての知識を基礎から解説した入門書。学校を安全な場所にするためのヒントや、病院でＬＧＢＴの患者に接するときのポイントなどを紹介しています。

にじ色の本棚 —LGBTブックガイド

原ミナ汰、土肥いつき編著
（三一書房、2016年）

ＬＧＢＴなどの性の多様性を生きる人びとを描いたさまざまなマンガや映画などのレビューを集めた「ＬＧＢＴガイドブック」。昨今の作品だけでなく、大正時代の少女文学や海外の小説など72点を紹介しています。図書館に本を入れる際など参考になります。

映画

レンタルビデオ店などで借りやすいものを中心に紹介します。

love my life

川野浩司監督
（2006年、日本）

大学生のいちこはエリーと絶賛恋愛中。パパにエリーを紹介してみたら、なんと「パパはゲイで、ママはレズビアンだったんだ」と明かされて……。恋の甘酸っぱさと、自分らしく生きようとする若者たちの純粋さが光る作品。やまじえびね原作のマンガもおすすめ。

ハッシュ！

橋口亮輔監督
（2001年、日本）

キネマ旬報ベストテン第２位となった日本の映画。子どもがほしい独身女性と、ゲイのカップルとの日常が細かく描かれ、生活のリアリティがじわじわと伝わってきます。

ウーマンラブウーマン

ジェーン・アンダーソンほか監督
（2000年、アメリカ）

異なる時代に同じ家に住んだレズビアンカップルを描いたオムニバス映画。全部で３話あり、第１話の1961年は高齢カップルの遺産トラブルと悲劇を、第２話の1972年はフェミニズム運動を、第３話の2000年は人工授精で子どもをもとうとするカップルを描いており、LGBTを取り巻く社会問題について考えさせられます。

MILK

ガス・ヴァン・サント監督
（2008年、アメリカ）

1970年代にゲイを公言して米サンフランシスコ市の市会議員に当選したハーヴェイ・ミルクの生涯を描いた映画。主演のショーン・ペンはこの映画でアカデミー主演男優賞を受賞しました。社会に抑圧されながらも、人が人として生きていくために立ち上がったミルクたちの力強さ。そして、自らが暗殺されることを予感し、その思いをテープに吹き込み続けた晩年の姿が、ＬＧＢＴという枠を超えて私たちの心を揺さぶります。

わたしはロランス

グザヴィエ・ドラン監督
（2012年、カナダ・フランス）

最高の彼氏だと思っていたロランスから「間違った体に生まれてきた。自分は女として生きていきたい」と打ち明けられたフレッド。困惑しながら愛する人を受けとめようと努力をするが、世界はもっと複雑で……。人はどこまで孤独で、愛情にあふれている存在なのかを、美しい映像と共に問いかける。「愛がすべてを変えてくれたらいいのに」というコピーが胸に響く。

パンフレット

LGBTについて、一般市民や教員、医療・福祉専門家、子どもたち向けに作成されたパンフレットを紹介します。

LGBTと医療・福祉（改訂版）

（QWRC）

身体障害を抱えるLGBT当事者は介助者にどこまでカミングアウトできるのか、同性カップル間でDV（ドメスティック・バイオレンス）が発生したらどう対応したらよいのか――。LGBT当事者が医療・福祉の場面で抱えやすい困難をきめ細かに取り上げたパンフレット。本冊子の姉妹版に「LGBT便利帳」があります。ウェブサイトからダウンロード可。

教職員のためのセクシュアル・マイノリティーサポートブック（改訂版）

（奈良教職員組合）

LGBTの子どもたちが抱えている困難とその対応方法、授業で使える小ネタやエピソードなどが充実している。イラストも多く、わかりやすい。ウェブサイトからダウンロード可。

事業主・人事・法務のための職場におけるLGBT入門

（NPO法人虹色ダイバーシティ）

事業主や人事、法務担当者向けに書かれたLGBTと職場環境についての冊子。職場でカミングアウトしたほうが勤労意欲を高くもてること、差別的言動があると意欲が低下することなどのデータが紹介されています。教師にとっての職場＝学校という視点にもぜひ注目したいところ。

性はグラデーション

（大阪市淀川区・阿倍野区・都島区 3区合同ハンドブック）

大阪市淀川区・阿倍野区・都島区が作成した教職員向けのハンドブック。多様な性についての解説や、区内の学校の卒業生らの声を集めており、わかりやすい。ウェブサイトからダウンロード可。

Presenceキャンペーン

（NPO法人SHIP）

学校向けのポスター「“好き”にはいろいろなカタチがあります。」シリーズや、LGBTへの理解を広めるためのパンフレット「Presenceレター」がある。団体に問い合わせをすれば、無料（送料のみ）で入手可能。

教員5,979人のLGBT意識調査レポート

（日高庸晴　宝塚大学看護学部教授）

「子どもの“人生を変える”先生の言葉があります」と表紙に書かれた本冊子は、LGBTの子どもたちが直面しやすいいじめや不登校、自殺についての統計データに触れたうえで、教員の多くは正確な知識を有しておらず、学ぶ機会も少ないという調査結果を紹介しています。

Web

LGBTについて、正確で役立つ情報のたくさん載っているウェブサイトをご紹介します。子どもたちからLGBTについて知りたいと言われたときにも、安心して伝えられるウェブサイトです。

NHKオンライン LGBT特設サイト「虹色」

http://www.nhk.or.jp/heart-net/lgbt/index.html

NHKの福祉番組のホームページ。相談機関の一覧や、LGBTに関するさまざまな情報がまとめられているほか、応援メッセージの動画やコラムなどが充実しています。

君のままでいい.jp
自分の性に揺らぐ君たちへ大人からのメッセージ

http://www.kiminomamadeii.jp

自分はLGBTなのかもしれないと戸惑ったり、悩んだりしている中高生向けに、たくさんの大人が応援メッセージを寄せるホームページ。数え切れないほどの応援のハガキには、励ましの言葉あり、笑いあり、涙あり。おとずれた中高生が、自分はひとりぼっちではないと感じられるような温かさにあふれています。

新設Cチーム企画

http://rupan4th.sugoihp.com/

教員向けのLGBT関連情報が大変充実しているホームページ。生徒からカミングアウトされたときの対応や、授業で取り上げる際に役立つ資料などが、とにかく豊富です。また、聴覚障がいのあるLGBTに向けた動画やパンフレットも掲載されています。

教材DVD

LGBTについて一般市民や教員、子どもたち向けに作成された教材DVDをご紹介します。

＊がついたものは、ウェブサイトから教師用指導案や、生徒用ワークシートがダウンロードできます。

セクシュアル・マイノリティ理解のために
子どもたちの学校生活とこころを守る〜

DVD（"共生社会をつくる"セクシュアル・マイノリティ支援全国ネットワーク、2009年）

あなたがあなたらしく生きるために
性的マイノリティと人権

人権啓発ビデオ（法務省、2015年）

もしも友だちがLGBTだったら？

高校生向け人権講座
（新設Cチーム・QWRC、2010年）＊

いろんな性別〜LGBTに聞いてみよう！〜

小学生向けDVD教材
（新設Cチーム・2010年制作）＊

LGBTの団体・センターや相談機関

当事者向け

自分はLGBTかも？　と悩みはじめた人や、仲間が欲しい人におすすめの団体・センターや相談機関です。同じ立場の人はもちろん、自分とは違うセクシュアリティの人との出会いも人生を豊かにしてくれるでしょう。

にじーず

東京・池袋保健所で月に１度、10代から23歳くらいまでのＬＧＢＴ（かもしれない人を含む）に向けたオープン・デーを開催。無料、出入り自由。まったり遊んだり友だちをつくったりできます。場所はアニメイト池袋本店横。

ホームページ：http://24zzz.jimdo.com/
メール：24zzzmail@gmail.com

LOUD（ラウド）

東京・中野にあるレズビアンやバイセクシュアル女性のためのコミュニティ・センター。月に２回、オープンデイ（だれでも参加できる）とキャンドルナイト（女性のみ参加可）が開催され、ＬＧＢＴ関連の本やコミックなどが詰まったライブラリーを見たり、まったりとおしゃべりしたりなど、思い思いに過ごすことができます。

〒164−0001
中野区中野3−45−15　ミカミハイツ103
（JR中野駅南口から徒歩約３分）
ホームページ：http://space-loud.org
ＴＥＬ：03−5385−1230
メール：loud@space-loud.org

国際基督教大学ジェンダー研究センター（CGS）

国際基督教大学内に2004年設立。ジェンダーやセクシュアリティに興味がある人であれば、学内外・セクシュアリティを問わず、だれでもおとずれることができます。

〒181−8585　東京都三鷹市大沢3−10−2
国際基督教大学ERB　301
ホームページ：
http://subsite.icu.ac.jp/research/cgs/
ＴＥＬ：0422−33−3448（平日11～17時）
メール：cgs@icu.ac.jp

NPO法人SHIPにじいろキャビン

横浜にあるLGBTやその家族、友人のためのコミュニティセンター。参加者を10代に限定したイベント「Cafe10（イチマル）mix」のほかにも、LGBTの子どもをもつ家族のための「SHIPかぞくの会」などさまざまなテーマについて話せるプログラムがあります。開館時間ならだれでも自由に利用可。ふらっとお茶を飲んだり、LGBT関連の書籍やマンガを読んだりするのもおすすめです。

〒221−0834
横浜市神奈川区台町7−2 ハイツ横浜713号室
（JR・東急東横線・相鉄線・横浜市営地下鉄・京浜急行線 横浜駅きた西口から徒歩7分程度）
ホームページ：http://cs.ship-web.com/
TEL：045−306−6769
ホームページにメールフォームあり
〈開館時間〉
■水・金・土　16：00〜21：00
■日曜　14：00〜18：00
＊事前にホームページにある開館カレンダーをご確認ください。

QWRC（Queer and Women's Resource Center：くぉーく）

QWRCは、2003年4月大阪市北区にオープンしたLGBTなどの性の多様性を生きる人びとと女性のためのリソースセンター。フェミニズムの視点を重視しながら、セクシュアリティを自由に表現できる社会の実現をめざし、講座や電話相談、ミーティングスペースの提供をおこなっています。だれでも来訪できるオープンデーを開催しているほか、10代から23歳くらいまでのLGBT当事者を対象としたプログラム「カラフル」や、精神疾患をもつLGBTのためのプログラム「メンヘル！」などがあります。

〒530−0047　大阪市北区西天満4−5−5
京阪マーキス梅田707号室
（地下鉄淀屋橋駅、東梅田駅、南森町駅から各徒歩10分程）
TEL・FAX：06−6585−0740（イベント時、道に迷った方などご利用ください）
ホームページ：http://qwrc.jimdo.com/
メール：info@qwrc.org

えひめLGBTセンター虹力（にじから）スペース

LGBTをはじめさまざまな性的マイノリティの仲間たちが気兼ねなく集える常設の居場所です。仲間と雑談したり、自分のセクシャリティについて勉強したり、お茶を飲んでゴロゴロしたりなど、気楽に過ごせるスペースです＊。「れいんぼ〜ティーサロン」や「ゲイの会」「レズビアンの会」「FTM男子会」「MTF女子会」「Xジェンダーの会」など個別の交流イベントを週末毎に開催。家族向けプログラム「レインボープライド愛媛　家族の会」も。運営団体はレインボープライド愛媛。

＊事前告知した場合を除き、当事者のみが利用できます。

愛媛県松山市内（くわしい場所や開館カレンダーは、レインボープライド愛媛のホームページで確認してください）
ホームページ：http://rainbowpride-ehime.org/Site/nizikaraspace.html
メール：rainbowpride777@gmail.com

さっぽろじぶんカフェ

札幌を拠点に開催されているLGBT当事者や、LGBTかもしれないと思っている方のためのカフェイベント。はじめての人でも安心して参加できます。ソフトドリンクのみ提供のため、10代の若者でも気楽に参加可能。

ホームページ：
http://sapporojibuncafe.blogspot.jp
メール：sapporojibuncafe@gmail.com
ツイッター：@sapporojibunc

スクランブルエッグ（青森）

青森を拠点に、性の多様性やセクシュアル・マイノリティについて知ってもらうための活動をしているサークル。性のあり方にかかわらず、だれもが自分らしく幸せに生きることができる社会・地域の実現を目指しています。啓発イベントの実施や講演、機関紙「にじたま」の発行、BBQなどの交流会をおこなっています。

ホームページ：
http://gochamazetamago.main.jp
メール：gochamazetamago@yahoo.co.jp
ツイッター：@gochamazetamago

岩手レインボー・ネットワーク

岩手にゆかりのあるLGBTやインターセックス当事者とサポーターのためのネットワーク。性自認や性的指向などにかかわらず、すべての人が「生きやすい」と感じられる岩手の実現をめざして活動しています。ブログを通じた情報発信のほか、学習会・交流会、講師派遣などをほぼ毎月おこなっています。東日本大震災直後の2011年3月19日に発足し、災害とセクシュアル・マイノリティに関する問題にも取り組んでいます。

ホームページ：
http://s.ameblo.jp/iwaterainbownetwork/
メール：iwaterainbownetwork@gmail.com

性と人権ネットワーク　ESTO（エスト）

「明日、生きていてよかったと言うために」を目標に、秋田で1998年に活動を開始した非営利団体。現在は、秋田・宮城・東京で活動しています。すべての人が、その性のありようにかかわらず存在（Est）を尊重（Esteem）されることを願い、交流会や講演会の開催、ニュースレター・メールマガジンの発行、行政への要望書の提出、電話やメール相談などをおこなっています。

ホームページ：http://estonet.info/
メール：esto@estonet.info

Queer and Ally（クィア・アンド・アライ）

東京を拠点に活動。セクシュアリティに関係なく、参加者が一緒に楽しめる交流会を開催しています。過去にはレインボーアクセサリーやキャンドルづくり、ぬか床づくりなどを実施。「ふらっといこう」「一緒にいこう」と言える場所を目指しています。

ホームページ：
http://www.quee-ally-japan.com
メール：QueerAlly.jp@gmail.com
ツイッター：@Queer_Ally

PROUD LIFE（プラウド・ライフ）

性の多様性・多様な生き方をサポートする名古屋のＮＰＯ法人。電話相談「レインボー・ホットライン」やセクシュアリティについて語る座談会「虹色ラウンジ」のほか、講演会や各種イベントでのブース出展をおこなっています。

ホームページ：http://www.proudlife.org/
メール：info@proudlife.org
ツイッター：@PROUDLIFE1

レインボー金沢

金沢市とその近郊に暮らすセクシュアル・マイノリティのための団体です。

「いろんな生き方、あるげんよ！」を合言葉に、社会的に存在を見えなくされているセクシュアル・マイノリティを応援するために、交流会の開催や行政機関などへの働きかけをおこなっています。

ホームページ：
http://www.rainbowkanazawa.jp
メール：ホームページにメールフォームあり
ツイッター：@RainbowKanazawa

淀川区 LGBT 支援事業

淀川区役所（大阪市）は２０１３年９月、行政としては全国ではじめて「淀川区ＬＧＢＴ支援宣言」を発表しました。ＬＧＢＴに関する正しい知識と理解を深め、少数者の人権を尊重したまちづくりを進めるべく、さまざまな啓発活動や、電話相談、コミュニティスペースの運営、区職員と当事者との意見交換会などをおこなっています。コミュニティスペースは毎月２回の運営で、性の多様性について興味や関心のある方なら、だれでも利用できます。

ホームページ：
http://niji-yodogawa.jimdo.com/
メール：niji.yodogawa@gmail.com
ツイッター：@nijiyodogawa

トランスジェンダー生徒交流会

大阪市内を拠点に年4回開催。トランスジェンダーの子ども（小学生〜）やその友人、家族、まわりの人が参加できる交流会を企画しています。一緒にご飯をつくって食べ、遊ぶことを通じてつながれる場を提供しています。合宿やキャンプなどもおこなっています。

メール：tg.students2006@gmail.com

PROUD（プラウド）

ＬＧＢＴＱなど、性の多様性を尊重する社会づくりを目指し、香川県と岡山県を拠点に活動しているグループです。１９９５年に香川県高松市で発足し、現在は、香川県では性の多様性を尊重する社会をつくるための交流・啓発活動を、岡山県ではＬＧＢＴＱの当事者や家族を対象とした自助活動を中心に展開しています。

ホームページ：
http://www.proud-kagawa.org
http://www.proudokayama.com（岡山支部）
メール：info@proud-kagawa.org
proud.okayama@gmail.com（岡山支部）
ツイッター：@proud_kagawa
@PROUDokayama（岡山支部）

虹色らくだ

鳥取・鳥取大学を拠点に、ＬＧＢＴや人びとが「気らくに」話せる場をつくっています。当事者も非当事者も参加できる交流会を開催するほか、映画上映会の実施や、鳥取大学の学園祭などでの性の多様性に関するブース出展などの活動をおこなっています。

ホームページ：
https://www.facebook.com/nijiirorakuda
ツイッター：@nijiiro_rakuda

FRENS（Fukuoka Rainbow Educational NetworkS：フレンズ）

福岡を拠点に、セクシュアル・マイノリティの居場所づくりをしている団体。教育関係者などに対し、性の多様性について知ってもらうための講演をおこなうほか、性の多様性について語り会える交流会「にじだまり」や、10代の当事者向けのプログラム「フレンズタイム」の開催、個別ケースの相談・対応などをおこなっています。

ホームページ：http://blog.canpan.info/frens/
メール：frensinfo@gmail.com
ツイッター：@FRENS_fukuoka

TAKE IT！ 虹

長崎を拠点に、セクシュアル・マイノリティの問題に興味や関心のある人を対象とした交流会（お茶会）を月に一度、開催しています。当事者はもちろん、当事者かもしれないという人やその家族、友人、教員、これまでセクシュアル・マイノリティに出会ったことがない人でも参加できます。性の多様性に関する啓発や講演活動もおこなっています。

ホームページ：
https://takeitnizi.wordpress.com
メール：popopopotter@yahoo.co.jp
ツイッター：@Takeitniji

ともに拓くLGBTIQの会くまもと

熊本を拠点に、セクシュアル・マイノリティが自分らしい生き方や自己表現をできるように支援しています。定期的に交流会を開催しているほか、講演活動や医療との連携を含めた相談活動、およそ40業種の当事者就労支援などもおこなっています。

ホームページ：
http://ameblo.jp/2013hirakukai/
メール：tomonihirakukai@gmail.com

ピアフレンズ

東京や大阪を拠点に、「自分と同じような仲間に出会いたい」という10代や20代のLGBTを対象に、友だちづくりの最初の一歩を後押しする団体。ボーイズ向け交流会と、ガールズ向け交流会があります。昼間に公共施設で開催しているほか、ピクニックなどの企画もあります。

ホームページ：http://www.peerfriends.org
メール：ホームページにメールフォームあり
ツイッター：@pf_boysまたは、@pf_girls

一般社団法人広島県セクシュアルマイノリティ協会

広島県内で、セクシュアル・マイノリティの生きやすい社会づくりのために活動している団体（通称「かも？」Cafe)。セクシュアル・マイノリティ「かも？」と思う人ならだれでも参加できる交流会や読書会をおこなっています。また講演会やパネル展で、性の多様性についての知識や理解を広めています。

ホームページ：
http://kamocafebingo.jimdo.com
メール：kamocafe.bingo@gmail.com
ツイッター：@KamoCafe_bingo

家族向け

LGBT当事者だけでなく、そのことを打ち明けられた家族も孤立したり、悩みを抱えたりしがちです。そんなときに、同じような経験をしてきたほかの家族と話ができれば、気持ちがやわらぐかもしれません。

SHIPにじいろキャビン

横浜を拠点に、セクシュアル・マイノリティの家族同士で自由に話ができるミーティングを開催しています。家族の紹介・同席があれば、教師も参加できます。

ホームページ：http://cs.ship-web.com/
メール：ホームページにメールフォームあり

性と人権ネットワーク ESTO（エスト）

秋田・宮城を拠点に、24歳までのLGBT当事者とその家族などを参加対象とした交流会「サークル・カメレオン」を開催しています。若者支援を希望する医療・教育・ボランティアの人も参加可能です。

ホームページ：http://estonet.info
メール：ホームページにメールフォームあり

LGBTの家族と友人をつなぐ会

東京、神戸、名古屋、福岡を拠点に活動。LGBT当事者やその家族、友人のためのわかち合いのミーティングをおこなっています。ホームページには当事者や家族、友人の手記も充実しています。（理事・青山直子さんのインタビューは150ページ参照）。

ホームページ：http://lgbt-family.or.jp
メール：family2006@goo.jp

レインボープライド愛媛 家族の会

愛媛を拠点に、LGBTの子どもをもつ親同士の支え合いの会を開催しています。開催日時はレインボープライド愛媛のホームページを参照してください。

場所：えひめLGBTセンター　虹力（にじから）スペース
ホームページ：http://blogs.yahoo.co.jp/rainbowpride_kazku
メール：rainbowpride777@gmail.com

レインボーファミリー札幌

札幌を拠点に活動するセクシュアル・マイノリティの当事者と親の会。当事者や家族が参加できる「レインボーファミリーカフェ」の開催などを通じて、当事者やカミングアウトされた家族のサポートをおこなっています。

ホームページ：
http://ameblo.jp/r-f-sapporo/
メール：r_f_sapporo@yahoo.co.jp
ツイッター：@rainbowfamilly

電話相談

LGBTの当事者や「当事者かも？」と悩んでいる人、そのまわりにいる人に向けたおもな電話相談の一覧です。

QWRC電話相談

【相談電話】 06−6585−0751

【日時】 第1月曜日の19時半～22時半

【内容】 恋愛・セックス・性感染症、パートナーとの関係・家族との関係・友人との関係・学校、会社での関係など、LGBTやインターセックスの当事者やその家族、友人に向けた電話相談です。労働相談も実施しています。

【ホームページ】 http://qwrc.jimdo.com/

レインボー・ホットライン
（運営：PROUD LIFE）

【相談電話】 0120−51−9181

【日時】 毎週月曜日の19時～22時

【内容】 レインボー・ホットラインは、セクシュアル・マイノリティの当事者や支援者による電話相談です。家族、友人、同僚、知人、先生など、本人以外からの相談にも応じています。

【ホームページ】 http://www.proudlife.org/

AGP（同性愛者医療・福祉・教育・カウンセリング専門家会議）電話相談「こころの相談」／「からだの相談」

【相談電話】 050−5539−0246

【日時】「こころの相談」毎週火曜日の20時～22時／「からだの相談」第1水曜日21時～23時

【内容】「こころの相談」同性愛者本人やその家族の悩み、心の問題について相談を受けつけています。「からだの相談」同性愛者の身体の悩みや病気について相談を受けつけています。

【ホームページ】 http://www.agp-online.jp

総合ヘルプ・ライン・サービス
（運営：NPO法人アカー）

【相談電話】 03−3380−2269

【日時】 祝日を除く毎週火、水、木曜日の20時～22時

【内容】 ゲイ、レズビアン、HIV陽性の当事者や、その家族や支援者などに向けた電話相談をしています。

【ホームページ】 http://www.occur.or.jp/

法律相談（運営：NPO法人アカー）

【予約電話】 03−3383−5556

【予約日時】 祝日を除く毎週月～金曜日の12時～20時

【内容】 性愛やHIV陽性にかかわる法的な手続き、トラブルなどに関する電話相談をしています。

【ホームページ】 http://www.occur.or.jp/

にじいろホットライン
（運営：一般社団法人富田林市人権教育・啓発推進センター）

【電話】0721−20−0285

【日時】第１、第３土曜日の10時～15時

【内容】子どもから高齢者まで、セクシュアル・マイノリティに関することなら、だれでも無料で利用できます。市外在住者の利用も可能です。

【メール】tayousei_tondabayashi@yahoo.co.jp（メールでの相談も実施）

LGBT電話相談
（淀川区LGBT支援事業）

【予約電話】0570−009−918

【日時】第１～第４水曜日の17時～22時

【内容】ＬＧＢＴに関する電話相談をおこないます。当事者だけでなく家族、友人からの相談も可。専門の相談員が対応します。

【ホームページ】http://niji-yodogawa.jimdo.com/

北東北　性と人権相談
（運営：北東北性教育研修セミナー実行委員会）

【電話】017−722−3635

【日時】毎週木曜日の16時～22時

【内容】ＬＧＢＴやDV、その他の性に関する人権相談を受けつけています。

【メール】crisis-call@goo.jp

SHIPほっとライン
（運営：SHIP）

【電話】045−548−3980

【日時】毎週木曜日の19時～21時

【内容】自らのセクシュアリティや性別違和について悩んでいる人だけでなく、その友人や保護者など、まわりの人びとからも相談を受けつけています。

【ホームページ】http://cs.ship-web.com/

coLLabo LINE
（運営：coLLabo）

【電話】03−6322−5145

【日時】第１土曜日の12時半～15時

【内容】レズビアン女性やそのまわりの方からの相談を受けつけています。

【ホームページ】http://www.co-llabo.jp

フレンズライン
（運営：FRENS）

【電話】080−9062−2416

【日時】毎週日曜17時～21時

【内容】24歳以下のセクリュアルマイノリティや、そのまわりの大人たちのための相談。

【ホームページ】http://blog.canpan.info/frens/

レズビアン・ゲイ・バイセクシュアルに関連する世界の法律

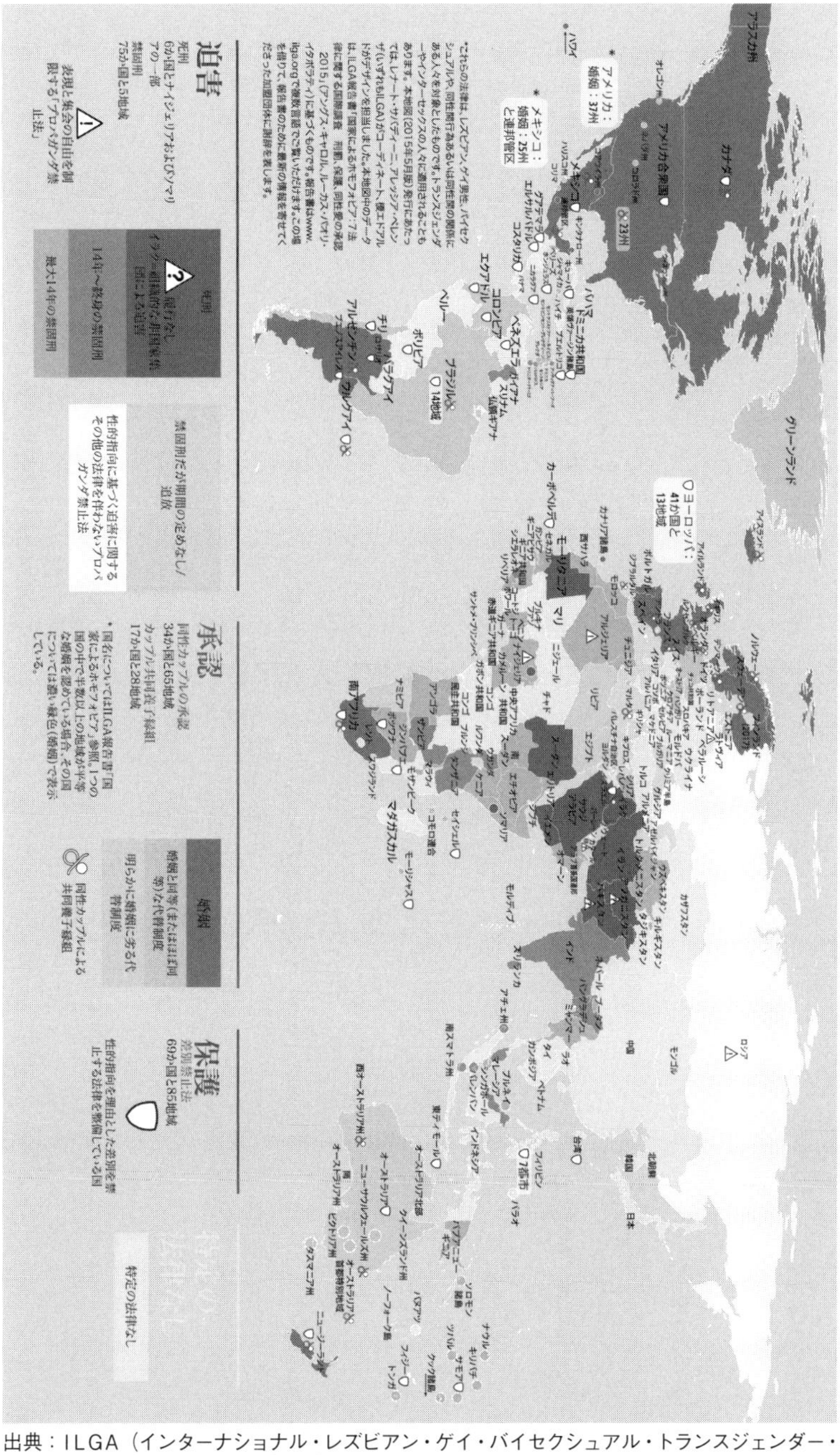

出典：ILGA（インターナショナル・レズビアン・ゲイ・バイセクシュアル・トランスジェンダー・インターセックス連盟）。英語・カラー版は、http://old.ilga.org/Statehomophobia/ILGA_WorldMap_2015_ENG.pdf を参照。

LGBT関連用語集（五十音順）

学術的な言葉・差別的な意味合いを含まない言葉

アウティング　ある人のセクシュアリティを、その人の同意なしに周囲に言いふらしてしまうこと。

アセクシュアル（Aセクシュアル）　性的欲望を持たない（あるいはとても弱い）人。

性分化疾患（DSD）　染色体、生殖腺もしくは解剖学的に性の発達が先天的に非定型的である状態を指す医学用語。インターセックスと称されることもあるが、多様な疾患からなる当事者たちはインターセックスないしセクシュアル・マイノリティと自認していないことも多い。

MTF、FTM、MTX、FTX　トランスジェンダーにおける、元の性別と望む性別をそれぞれ示す呼び方。たとえばMTF（Male to Female）とは、生物学的な性が男（male）であるが、ジェンダーアイデンティティが女（female）である人を指し、FTM（Female to Male）はその逆である。MTX（Male to X gender）、FTX（Female to X gender）とは、望む性別は男女いずれでもないが（X）、少なくとも元の性別を拒否し、それを乗り越えようとする人を指す。

カミングアウト　自らがセクシュアル・マイノリティのひとりであると認め、それを自らだれかに打ち明けること。自らのジェンダー／セクシュアリティをだれにも知らせない（知らせることができない）状態を、押し入れに隠れている状態にたとえて「クローゼット」というが、カミングアウトは、そこから出てくるという意味（＝coming out of closet）。

クエスチョナー　自らのジェンダー／セクシュアリティについて、明確なアイデンティティをもっていない（あるいは、より積極的にもたない）人。

ゲイ　性自認が男性で、性的指向が男性に向く人。いわゆる男性同性愛者。

ジェンダー　人を「女」「男」という2つのカテゴリーに分別する、社会的文化的な規範ないし観念。

性自認（ジェンダー・アイデンティティ）　自らを男女どちらであると考えるか、ないしどんな性でありたいかを示す。いわゆる「こころの性別」。

性的指向（セクシュアル・オリエンテーション）　自分がどのような性別の人に惹かれるかということを指す。

性同一性障害（GID、Gender Identity Disorder）　トランスジェンダーのなかでも、とくに精神神経医学的な診断基準を満たした人。GIDと略される。

生物学的な性（セックス）　生物としてのヒトを「メス」「オス」という2つのカテゴリーに分別する生物学的知見。

セクシュアリティ　人間の性の多様性のあり方の総称。

セクシュアル・マイノリティ（性的少数者）　正常・規範的などとされている性のあり方の周縁に位置する人びとの総称。レズビアン、ゲイ、バイセクシュアル、トランスジェンダーなどを含む。

トランスジェンダー　生物学的な性（セックス）に応じて割りふられたジェンダーと、自らの性自認が一致しない人びとのこと。いわゆる身体の性別と心の性別が一致せず違和感をもつ人。あるいはより積極的に、既存のジェンダーのあり方に疑問を感じ、それを超越（trans）しようとする人。

トランスセクシュアル　トランスジェンダーのなかでも、とくに性別適合手術（いわゆる性転換手術）などの医療行為を受け、体（とくに外性器）を性自認に一致させた人、あるいはさせたいと望む人。

バイセクシュアル　性的指向が男女どちらにも向く人。あるいはより積極的に、同性か異性かなどという問いそのものを拒否する人。パンセクシュアルと表すこともある。

ヘテロセクシュアル（異性愛者）　性的指向が異性に向く人。ストレートともいう。

ホモネタ　同性愛を揶揄して笑いを取ることや、差別的な発言をすること。

レズビアン　性自認が女性で、性的指向が女性に向く人。いわゆる女性同性愛者。

使用に注意が必要な言葉

オカマ　「女っぽい男」を指す言葉であるが、MTFトランスジェンダーとゲイとを混同した概念。歴史的に侮蔑的な使われ方をしてきた。

オナベ　「男っぽい女」を指す言葉であるが、FTMトランスジェンダーとレズビアンとを混同した概念。オカマから派生したと考えられる。

オネエ　「女性言葉」を使い、女性的に振る舞う男性。ゲイ男性に限らない。

ニューハーフ　おもに水商売を営むMTFトランスセクシュアルを指す和製英語。水商売ないし売春を強調する意味合いをもつため、トランスジェンダー当事者のなかには、この呼び方を侮蔑的であると感じる人もいる。

レズ、ホモ　それぞれレズビアン、ホモセクシュアル（この場合、とくにゲイを指す文脈で使われる）の短縮型であるが、歴史的に侮蔑的な意味合いで使用されてきた。

＊以上、「Rainbow College」（セクシュアルマイノリティーズ・インカレネットワーク）資料を参考に作成。

あとがきにかえて

この本を書いている私は、現在29歳のＦＴＭトランスジェンダーですが、自分が子どもだった頃に比べると、この10数年で、ＬＧＢＴについての人びとへの関心や認識は随分と変わってきたことに驚かされます。

私自身が、この本に出てくるような「作文の時間は『わたし』と書けないので鉛筆を転がしている」小学生であり、「自分が何者かわからない」中学生であり、「押しつけられるセーラー服に七転八倒していた」高校生でした。

人生に行き詰まった15歳の頃、性同一性障害という概念さえまわりのだれもが知らず、インターネットを駆使してすべてを自力で調べあげたことや、そのなかには間違った情報も多く含まれていたことを、これを書いているいまも思い出します。

思春期のなかにいた自分を支えてくれたのは、親しい同級生たちの理解と、インターネットを通じて知り得た「先輩たち」の生き方と、打ち込むことのできた音楽でした。一方で、勇気を振り絞って先生たちに話をしても、当時は「気の迷い」と言われるばかりでした。

そのような葛藤の日々が原体験となり、高校卒業と同時に、LGBTの子どもや若者の現状について知ってもらう活動を仲間たちとはじめ、いまに至ります。現在では、公衆衛生系の獣医師として勤務する傍ら、学校や教育委員会、子ども支援にかかわるNPOに向けた講演活動などをおこなっています。

以前と比べ、新聞やニュースでLGBTについて取り上げられる機会は多くなりました。また、講演会などでも参加者の方の関心が高まっていることを感じます。

しかし、いまでも、学校を中退せざるを得ない子どもたちや、無視やいじめに苦しんでいる子どもたちの声を耳にします。活動で出会った仲間のなかには、自ら命を絶ってしまった人も少なからずいます。失った後で、その人のメッセージがどのくらい深刻だったのかに気づいても遅いのです。

性の多様性について知らなければ、私たちは大切な人を守ることさえできません。これはとても重たい事実です。

高校を卒業した数年後、母校のある先生と再会する機会がありました。私の在校中にはとうとう交流することのなかった先生でしたが、自分がトランスジェンダーだということを話すと、先生は学校の礼拝（私の母校はミッションスクールです）で、在校生徒に向けてつぎのようなお話をしてくれました。

「新約聖書のなかに、『善きサマリア人のたとえ』というお話があります。追いはぎに襲われ、息も絶え絶えに倒れていた人の隣人になったのは、人間のあるべき姿を説きながらも見て見ぬふりをした偉い人たちではなく、倒れているその人を実際に助けた人でした。それと同じように、みなさんは、友だちからＬＧＢＴだと打ち明けられたときには、その友だちの心の支えになれるような人になってください」

ＬＧＢＴについて、キリスト教は伝統的に保守的とされていますが、先生は礼拝のメッセージのなかでも、大切なメッセージを生徒に伝えてくれたのでした。

この本を読まれているみなさんも、それぞれの立場で、みなさんの得意分野やキャラクターを活かしたメッセージの届け方があると思います。つぎは、みなさんが伝える番です。

本書の執筆にあたり、本当にたくさんの方々にお世話になりました。この場をお借りして、みなさまに厚くお礼申し上げます。それぞれの「点と点の体験」を、社会運動の大きな流れへとつむいでくれたおかげで、今日、私は生かされています。すべての方のお名前を出すことができずに心苦しいのですが、とくに、ゲイ・バイセクシュアル男性の健康問題について研究を続けておられる日高庸晴先生、ＬＧＢＴの国際事情について助言をいただいた山下梓さん、私の活動を10代の頃から励まし続けてくれた尾辻かな子さんの３名に、深く感謝申し上げたいと思います。

また出版にあたり合同出版の植村泰介さん、下門祐子さんには大変お世話になりました。

子どもたちを取り巻く世界が、さらに「虹色」になることを祈りながら。

遠藤まめた

２０１６年６月

[著者紹介]

遠藤まめた（えんどう・まめた）

1987年埼玉県生まれ。

「やっぱ愛ダホ！ idaho-net.」呼びかけ人代表。

トランスジェンダー当事者としての自らの体験をきっかけに、10代後半からLGBT（セクシュアル・マイノリティ）の子ども・若者支援にかかわる。

教員研修や、子ども支援にかかわる相談機関などでの講演会など多数。

毎年5月17日に「多様な性にYES！の日」全国キャンペーンをおこなう。

共著に『思春期サバイバル 10代の時って考えることが多くなる気がするわけ。』（はるか書房）など。

ホームページ：「バラバラに、ともに。遠藤まめたのホームページ」
http://www.endomameta.com

■組版　GALLAP
■装幀・本文デザイン　椎原由美子（シー・オーツーデザイン）
■装幀・本文イラスト　渡邉美里（うさみみデザイン）

先生と親のためのLGBTガイド
もしあなたがカミングアウトされたなら

2016年7月5日　第1刷発行
2018年2月15日　第3刷発行

著　者　遠藤まめた
発行者　上野良治
発行所　合同出版株式会社
東京都千代田区神田神保町 1-44
郵便番号　101-0051
電話 03（3294）3506 ／ FAX 03（3294）3509
URL http：//www.godo-shuppan.co.jp/
振替 00180-9-65422

印刷・製本　株式会社 シナノ

■刊行図書リストを無料進呈いたします。
■落丁・乱丁の際はお取り換えいたします。

ISBN978-4-7726-1271-5　NDC370　210 × 148